Beni Bischof
Texte
2

Beni Bischof
Texte
2

Edition Patrick Frey

Inhalt / Contents

Texte / Texts

Der Paranoide überlebt.

guess what
what
no you have to guess

National Enquirer Abo Informationen:
National Enquirer im Abo: Das englischsprachige Boulevard-Magazin

National Enquirer beinhaltet reichlich bebilderte und spannende Einblicke in das Leben der Promis von heute, ab A-Promi oder kleines Sternchen.
Das Abonnement National Enquirer für Promiinteressierte

Das Magazin für alle Leser, die sich insbesondere für Prominente und deren aufregendes Leben - inklusive der aktuellsten Skandale- interessieren.
Die Abo Angebote für National Enquirer nach Ihrer Wahl

Ich sah die Wahrheit

Zalando, Gymondo
Lieferando

Badalamenti
ist gar nicht so dementi

IF YOURE READING THIS ITS TOO LATE

Das Bild "Number 32" von Jackson Pollock ist der ganze Stolz der Kunstsammlung NRW. Nach 65 Jahren muss das abstrakte Grossgemälde gereinigt werden. Das ist ein Fall für Otto Hubacek.

Questionmark.

Wer Obergrenze sagt, der muss auch Tränengas sagen.

Depot oder Deponie?
Die Last mit den Künstlernachlässen

Dinge sind öfters wahrer als andere dinge

Hat die Irrenanstalt heute Freigang?

Mhhhmmm - Yummie - delish - leeeecker ... Sonntagsbrunch daheim.

Nein No Non

Künstler sollen das machen, was sie gut können.
Dazu gehört Politik offensichtlich nicht.
Schlechte PR-Aktion!

Duftkerzen können Krebs verursachen

I AM
YOUR WORST
FEAR
I AM
YOUR BEST
FANTASY

Weltschmerz

#ARRESTGOVSNYDER

Sehr geehrte Herr Beni Bischof,

Aufgrund der Vorkommnisse in Köln und anderen Gewalttaten sind quasi alle Pfeffersprays in der Schweiz vergriffen. Wie Sie sicher bereits auf unserer Website gesehen haben, ist aktuell mit längeren Lieferzeiten zu rechnen. Den aktuellen Status finden Sie auf der Produkteseite des von Ihnen bestellten Produktes. Je nach Produkt erwarten wir neue Lieferungen in 5-20 Werktagen und bemühen uns Ihre Lieferung anschliessend möglichst schnell versenden zu können.
Aktuell sind leider alle Schweizer Händler von diesem Lieferengpass betroffen. Wir Danken Ihnen für Ihr Verständnis und Ihre Geduld.

Ihr Pfefferspray-Shop.ch Team

While observing at the Vatican Observatory in 1960
D.K.J. O'Connell produced the first color photographs
of a green flash at sunset

I don't know what to say except
I DON'T CARE!

häsch dä Glaari?

Milch darf nicht billiger sein als Coca Cola.

Take it as a metaphor for whatever

Internet of Bockmist

Ich halte mich an meine Gesetze.

Viral Mega

Man ist nicht zu betrunken, solange man auf dem Boden liegen kann, ohne sich festzuhalten.

Selbstverwirklichung was für ein scheussliches Wort
überall dieses widerliche Wort Selbstverwirklichung
es gibt nichts Abstossenderes es gibt nichts Dümmeres
es heisst gar nichts das Wort Selbstverwirklichung
aber alle plappern es nach gleich was und wer einer ist

er ist ja verwirklicht und er ist er selbst und alle gebrauchen es fortwährend es gibt kein unsinnigeres
und kein abstossenderes Wort als das Wort Selbstverwirklichung.
soweit Thomas Bernhard

Auch der Kluge nimmt Schaden.

Das Auge nimmt nichts weg.

Es lohnt sich, Ihre Gefühle nicht so wichtig zu nehmen.
Schauen Sie lieber mal weg.

Ganz schön liebe Fabienne! Tolle Farben!

Facepalm (englisch face = 'Gesicht' und englisch palm = 'Handfläche') ist ein Begriff des Internetjargons. Hierbei wird die physische Geste beschrieben, in der eine Hand Teile des eigenen Gesichts bedeckt.
Damit sollen verschiedene Gefühle (Fassungslosigkeit, Scham, Verlegenheit, Skepsis, Frustration, Ekel oder Unglück), vor allem aber Ärger und „Fremdscham" über die „Dummheit" oder Ungeschicklichkeit einer Person oder Tat ausgedrückt werden. Die deutsche Redewen-

dung „sich an den Kopf fassen“ oder „sich an den Kopf greifen“ kann als „kein Verständnis für etwas haben“ wiedergegeben werden

In der griechischen Mythologie verspeist Kronos seine Kinder, weil er um seine Herrschaft fürchtet. Zeus überlebt, weil seine Mutter Rhea dem Kronos statt seiner einen in eine Windel gewickelten Stein gibt.

Die Göttin Athene entspringt dem Kopf ihres Vaters Zeus, der sie mitsamt ihrer schwangeren Mutter zuvor gefressen hatte. Athene jedoch überlebt und wandert im Körper ihres Vaters bis in seinen Kopf.

Private Jets Tagged With Graffiti at LA Airport
Vandals who broke into Van Nuys Airport on Sunday night covered three different multi-million-dollar corporate jets with graffiti - the second such incident at the Los Angeles area airfield in the past two years.
The jets were tagged on their fuselages, tail wings and wheel flaps with "URA" and a large "872." Other smaller monikers sprayed in blue and black paint on the planes included "URAF," "MarkB" and "GLOK$."

Jogging with Jesus
Paperback – 1978
by C. S Lovett

The Cannibals of Candyland
by Carlton Mellick III
There exists a race of cannibals who are made out of candy. They live in an underground world filled with lollipop forests and gumdrop goblins. During the day, while you are away at work, they come above ground and prowl our streets for food. Their prey: your children. They lure young boys and girls to them with their sweet scent and bright colorful candy coating, then rip them apart with razor sharp teeth and claws.

When he was a child, Franklin Pierce witnessed the death of his siblings at the hands of a candy woman with pink cotton candy hair. Since that day, the candy people have become his obsession. He has spent his entire life trying to prove that they exist. And after discovering the entrance to the underground world of the candy people, Franklin finds himself venturing into their sugary domain. His mission: capture one of them and bring it back, dead or alive.

Cannibals of Candyland is an erotic horror story for the bizarro reader. Dark, disturbing, and absurd; this isn't the board game version of candy land you used to play as a kid.

Paperback, 151 pages. Published August 28th 2009 by Avant Punk (Eraserhead Press)

Zombies and Shit
by Carlton Mellick III (Goodreads Author)
Battle Royale meets Return of the Living Dead in this post-apocalyptic action adventure Twenty people wake to find themselves in a boarded-up building in the middle of the zombie wasteland. They soon realize they have been chosen as contestants on a popular reality show called Zombie Survival. Each contestant is given a backpack of supplies and a unique weapon. Their goal: be the first to make it through the zombie-plagued city to the pick-up zone alive. But because there's only one seat available on the helicopter, the contestants not only have to fight off the hordes of the living dead, they must also fight each other. Zombies and Shit is Mellick's craziest book to date. A campy, trashy, punk rock gore fest that is as funny as it is brutal, as sad as it is strange. An edge-of-your-seat thrill ride that twists the zombie genre into something you've never seen before.

Paperback, 292 pages. Published October 17th 2010 by Deadite Press

The Menstruating Mall
by Carlton Mellick III (Goodreads Author)
Ten ridiculously stereotypical consumer victims (a yuppie, a housewife, a retiree, a jock, a bible thumper, a cowboy, a preppy, a gamer, a goth, and a white suburban gangsta) find themselves unable to leave the mall one day. There is nothing stopping them. The doors are unlocked. Other shoppers are able to come and go as they please. But for some inexplicable reason, these ten people cannot pry themselves away from their shopping mi-

asma. The mall closes, and they won't leave. Days pass, and they're still there, eating meals in the food court and sleeping in department store bedroom displays. Then they begin to die off, one by one, murdered by a mysterious killer, and they still won't allow themselves to escape. Carlton Mellick III's "The Menstruating Mall" is both a modernized take on Luis Bunuel's "The Exterminating Angel," and a parody of Agatha Christie's "And Then There Were None." Featuring mock mall advertisements by retard punk hero Food Fortunata and cover art by Skin242.

Paperback, 212 pages
Published February 1st 2005 by Eraserhead Press

Prepper's Long-Term Survival Guide
Author: Jim Cobb
Published: 3/25/2014
Pages: 240
This is an interesting read. The Prepper's Guide is focused on long-term survival in the event of a serious disaster. He's not so much talking about how to catch and cook a rabbit when you've gotten lost on the trail or how to craft a make-shift distillery whilst stuck at sea. Instead, Jim talks specifically about how to make do when things don't go back to normal – for a long time. Imagine the power grid was destroyed along with Natural Gas lines and there was no drinkable water anywhere for hundreds or thousands of miles – would you make it?

Wildwood Wisdom
Author: Ellsworth Jaeger
Published: 1992
Pages: 520
Wildwood Wisdom is a classic. Published in 1992, you may consider this to be outdated but I encourage you discover this book as more of a historical textbook. This book was originally written in 1945 and is based on life in the 1800's. You won't find any state of the art techniques, zombie apocalypse references or ways to make a parachute from a drinking straw and paper clip like MacGyver. Instead, Wildwood Wisdom is packed full of old-world, traditional survival skills and techniques. Humans have been surviving for thousands of years and I would say if anything, the classic theories have been proven effective and will always be the basis for modern concepts.

My motive for writing this book is your victory over Satan. It is not a devotional manual. It is not Godward, but Satanward. If you find a point or two which appear to be upsetting, please believe I want only for you to regard Satan as your personal enemy and to equip you with a means for resisting him. After reading this book, you'll not be able to say 'No one ever told me about Satan!

I don't want realism.
I want magic.

Die Poesie einer Amöbe am Himmel

Asshole and the asshole army

STILL HATING

IF YOU SPRINKLE WHEN YOU TINKLE
BE A SWEETIE AND WIPE THE SEATIE

NO BORDER
NO STATE!

NO
VIETNAMESE
EVER CALLED ME NIGGER

A lot can happen in a year.

REMEMBER
Turn your computer off
before midnight on
12/31/99.

Wotsch es Gipfeli

More poetry is needed.

Am vergangenen Dienstag hat sich im deutschen Hemmingen die Auflage eines Lastwagens gelöst. Dabei verteilten sich knapp 20 Tonnen Schweinehälften auf der Strasse.

alter dieses schwitzer dütsch ist so hart komisch

Reiss dich zusammen und guck ihn in deutsch an!!

Einmal Bergarbeiter,
immer Bergarbeiter.

Never underestimate the laws of physics!

Sie haben mir gesagt, dass ich aufhören soll, aber da war ich schon nackt.

I feel like rubbish today.
And when I go outside
I feel like frozen rubbish.

Sah Jesus wirklich so aus?

Tötungsrate pro 100000:
Kanada 1.6 2012
Schweiz 0.6 2011

Your Attention Please,

My name is Warren Buffett and I have an urgent donation information for you which will benefit you and your entire family, with the less privileged in your local community.
Respond back to this email immediately so as to enable me provide you with the complete information regarding this donation.
God Bless you richly.

Warren Buffett.
Email: 1474848604@qq.com

When we talk about experimental film, we talk, sooner or later, about Un Chien Andalou. One can hardly overstate the formative impact that Luis Buñuel and Salvador Dalí's short film had on all cinema, whether "alternative," "artistic," or otherwise askew. Loosed upon the unsuspecting filmgoing world back in 1929, it's 16 to 21 minutes (depending on the version) of pure surreality have been viewed by many, even those of us with no patience for the avant-garde. For the most part, we've seen versions of badly inferior quality. Inferior to what, you might ask, and I would direct you to the superior version at the top of the post, a 21st-century restoration by the Filmoteca Española, which offers an Un Chien Andalou not quite like those you've seen before, whether in a film studies class, on late-night television, or in some corner or another of the internet.

Children Are No Match For Fire
A fire safety story for the whole family
Written by Carol Dean

Stupid Ugly Unlucky and Rich
by Richard St.John

The Haunted Vagina
by Carlton Mellick III

Guten Morgen

Gestern Abend wurde das Kunstwerk "Goldener Schnitt" in der Eingangshalle des Schulgebäudes 1 verunstaltet. Wir bitten, Personen die etwas beobachtet oder sich an dieser Aktion beteiligt haben, sich umgehend beim Gebäudemanagement (stefan.hungerbuehler@hsr.ch) zu melden. Sollten bis heute Freitag 18.12.2015; 12:00 Uhr keine Hinweise eintreffen oder sich die Beteiligten gemeldet haben, behalten wir uns vor, eine Strafanzeige "Vandalismus" bei den zuständigen Behörden einzureichen.

Freundliche Grüsse

Stefan Hungerbühler
Abteilungsleiter Gebäudemanagement

There's
a
Wocket
in
my
Pocket!

Wissen verbreiten durch die Crowd

How to Run an Ethical Company, by Kenneth Lay (Enron Books, 2001)
There's a great section about naming subsidiaries after different dinosaurs!

How To Die
(GrimReaper Press, 2002)
A step-by-step guide to deceasing.

War Profiteering For Dummies
(A-moral Publications, 1995)
How to make money while other people are preoccupied with killing.

Birth Control Is Sinful In The Christian Marriages and also Robbing God of Priesthood Children!!
by Ms. Esiyzabeth Yanne Strong-Anderson

Natural Bust Enlargement With Total Mind Power
by Donald L. Wilson

Help Lord - The Devil Wants Me Fat!
by C. S. Lovett

If The Devil "Made" You Do It,
You Blew It!
(But It Doesn't Need To Happen Again)
by Lorraine Peterson

A Potato That Wasn't A Christian
A Story for Children

Die Hauptfiguren sind Beavis und Butt-Head, beste Freunde, zwei idiotische Heavy-Metal-Fans, die in Highland, einer fiktiven Stadt in Texas, leben und den grössten Teil ihres Lebens damit verbringen, Musikvideos kommentierend vor ihrem Fernseher zu sitzen, Nachos zu essen, planlos durch die Gegend zu laufen, Unsinn zu machen und sich gegenseitig und andere zu beschimpfen. Das Hauptziel der beiden ist, zu punkten (im engl. „to score"), was bedeutet, dass sie endlich Sex mit einer Frau haben wollen. Beide scheinen nur schlecht lesen zu können, wodurch sie oftmals (Warn-)schilder missverstehen und dadurch in die unmöglichsten Situationen gelangen. Es gibt immer wieder Versuche, sie zu disziplinieren, diese scheitern jedoch ausnahmslos. Das Markante der beiden Hauptpersonen ist ihr permanentes Lachen, welches oftmals nicht in den Kontext der Handlung passt. Sie versuchen alles, um endlich voranzukommen, was allerdings durch ihr Unvermögen immer wieder verhindert wird. Beavis und Butt-Head sind leicht zu beeinflussen; sie sagen in den meisten Situationen meist entweder: „Das is' cool!" oder „Das is' scheisse!". Beide arbeiten bei „Burger World", einer offensichtlichen Parodie auf „McDonald's" und „Burger King", wobei sie die Zeit dort nicht mit Arbeit verbringen, sondern eher mit dem Frittieren von toten Mäusen, Telefonen oder Fliegen, und dem Belästigen von Kunden am Bestellschalter und an der Sprechanlage. In Momenten des Erfolgs imitieren die Beiden des Öfteren Rocksongs, z. B. Paranoid von Black Sabbath.

Der Gang des Schützen

Astronomie:
Mein Vater erklärt mir jeden Sonntag unsere neun Planeten.

Zehn zahme Ziegen ziehen um zehn nach zehn zehn Zenter Zucker zum Zoo.

Hansen Hansens Hans hackte heute Hartholz.
Hätte Hansen Hansens Hannchen Hansen Hansens Hans heute Hartholz hacken hören, hätte Hansen Hansens Hannchen Hansen Hansens Hans heute Hartholz hacken helfen.

She's so selfish she should sell shellfish,
but shellfish seldom sells.

Si six scies scient six saucissons, six cent six scies scieront six cent six saucissons.

Die verbitterten Gesichtszüge eines Mannes sind oft nur die festgefrorene Verwirrung eines Knaben.

hamma/hammer

Richtiges Auffassen einer Sache und Missverstehen der gleichen Sache schliessen einander nicht aus.

Crime
Without
Punishment

Gianni Motti, qui êtes-vous?
Je suis 70.5 kilogrammes d'atomes, si on pouvait les aligner côte à côte on n'aurait pas assez de zeros pour mesurer la longueur.

Puls (Stephen King)
Durch ein mysteriöses Signal, das plötzlich über das Mobilfunknetz verbreitet wird, werden alle Menschen, die mit einem Handy telefonieren, ihres Verstandes und ihrer Menschlichkeit beraubt. Die so veränderten Menschen beginnen sofort damit, gnadenlos und extrem gewaltsam andere Menschen umzubringen. Die Welt ver-

sinkt in einem Chaos aus zerfetzten Leichen, zerstörten Fahrzeugen und explodierten Tankanlagen.
Drei Überlebende der Katastrophe, zwei Männer und ein junges Mädchen, retten sich aus Boston und schlagen sich nach Norden durch. Unterwegs können sie das Verhalten der Phoners, wie die Handyverrückten genannt werden, beobachten: Waren diese zunächst wahnsinnig und gingen aufeinander los, organisieren sie sich in den nächsten Tagen in so genannten Schwärmen. Sie scheinen immer noch ohne individuelles Bewusstsein zu sein, bilden jedoch eine Art kollektives Bewusstsein, wie man es von Bienenschwärmen her kennt: Sie ziehen im Gleichschritt durch die Strassen, plündern Supermärkte, um sich Nahrung zu verschaffen. Nachts versammelt sich der Schwarm zum Schlafen, in riesigen Ansammlungen auf Sportplätzen, wobei sie von Musik berieselt werden. Die Phoners bilden mit der Zeit telepathische Fähigkeiten aus, womit sie die Musik an ihren Schlafplätzen steuern, und den normalen Menschen Träume schicken und deren Handeln beeinflussen können.
Der Gruppe, inzwischen verstärkt durch einen Schulleiter und einen seiner Schüler, gelingt es, einen schlafenden Schwarm im Sportstadion einer Privatschule mit zwei Propangaslastern in die Luft zu jagen. Das kollektive Bewusstsein der Phoner fokussiert sich in einem Anführer, einem Schwarzen in einem Harvard-Sweatshirt. Er erklärt sie und eine weitere Gruppe, die einen Schwarm getötet hat, zu „Unberührbaren", was die Normalgebliebenen, sowie die Phoners davon abhält sie in irgendeiner Form anzugreifen.
Die Phoner benutzen ihre telepathischen Fähigkeiten, um die überlebenden Normalen in eine Region zu treiben, und gaukeln ihnen vor, dass sie in diesem Gebiet frei Leben können. In Wahrheit werden die Leute, die in

diese Region kommen, durch ein Empfangsportal geschleust, wo ihnen mit telepathischem Nachdruck angeboten wird, noch ein letztes Mal einen Anruf tätigen zu dürfen, sodass sie ebenfalls den Puls empfangen und ebenfalls zu Phonern werden.
Die Gruppe trifft inzwischen die anderen Schwarmkiller und macht sich telepathisch gezwungen ebenfalls zu dieser Region auf. Die Gruppe wird – ohne den obligatorischen Handyanruf – hineingezwungen. Auf einem Messegelände sammeln sich die eingetroffenen Phoners, um am nächsten Tag dem Femegericht beizuwohnen. Als sie in der Nacht wieder in ihrem kollektiven Schlaf liegen, kann die Gruppe der Unberührbaren einen Bus mit Sprengstoff in ihre Mitte bringen, den sie durch ein Handy zünden.
In einer Explosion wird fast der ganze Schwarm getötet. Das kollektive Bewusstsein wird dadurch ausgelöscht und mit ihm die telepathische Macht der Phoner. Die Gruppe verlässt, unbehelligt durch einzelne desorientiert herumtaumelnde Phoners, den Platz und hofft auf eine neue Zukunft.

Die Phoners erinnern an Zombies, wie King sie bereits in anderen Werken behandelte: in Hausentbindung (Sammlung Albträume), in Friedhof der Kuscheltiere und bedingt auch in Stark – The Dark Half (bedingt, weil Stark nie wirklich lebte ...). King verweist auch mehrmals auf George A. Romero und seine Zombie-Filme, etwa Dawn of the Dead.

Claytons Comic um den dunklen Wanderer erinnert stark an Roland Deschain aus Der Dunkle Turm. Die Initialen des Helden Ray Damon decken sich mit denen Rolands, der Bösewicht Flak ruft sofort Randall Flagg in Erinnerung, den Schurken aus Die Augen des Drachen und natürlich The Stand, sowie ebenfalls Der Dunkle Turm. Clays Frau Sharon nennt Ray Damon auch den „Space Cowboy".

Kann man sich eigentlich
zu Tode telefonieren?
Im Fall des deutschen
Geschäftsmanns im
benachbarten Abteil wäre
es also wünschenswert.

One morning in June
some twenty years ago
I was born a rich man's son
I had everything that money could buy,
but freedom I had none

A: Moin.
B: Moin Moin.
A: Gibt's Gips?
B: Gips?
A: Gips!
B: Gips gibt's nich'.
A: Nich'?
B: Moin gibt's gips.
A: Moin?
B: Moin.
A: Moin!
B: Moin Moin.

Mommy, Is It A Sin To Be Fat?

by Stephanie R. Singleton

Kim Kardashian isst ihre "wunderbare Plazenta"

The Men Who Stare at Goats

According to the book The Men Who Stare at Goats by journalist Jon Ronson, Channon spent time in the 1970s with many of the people in California credited with starting the Human Potential Movement, and subsequently wrote an operations manual for a First Earth Battalion. The manual was a 125-page mixture of drawings, graphs, maps, polemical essays, and point-by-point redesigns of every aspect of military life. Channon imagined a new battlefield uniform that would include pouches for ginseng regulators, divining tools, food stuffs to enhance night vision, and a loudspeaker that would automatically emit "indigenous music and words of peace." A movie based on the book–released in Autumn 2009–starring George Clooney, Ewan McGregor, Jeff Bridges and Kevin Spacey, fictionalized the First Earth Battalion as the New Earth Army.

Beliefs

Channon believed the Army could be the principal moral and ethical basis on which politics could harmonize in the name of the Earth. He declared that the First Earth Battalion's primary allegiance was to the planet earth. Channon envisioned that the First Earth Battalion would organize itself informally: uniforms without uniformity, structure without status, and unity powered by diversity, and members would be multicultural, with each race contributing to "rainbow power". He also proposed as a guiding principle that members of the First Earth Battalion seek nondestructive methods of conflict resolution because their first loyalty is to the planet.

Warrior Monk
Channon adopted the term "warrior monk" for potential members of the First Earth Battalion.

Wer seinen Hund liebt, muss auch seine Flöhe lieben

Zwei Könige fahren nicht in einem Kahn.

Und wäre das Huhn noch so schlau, eines Tages kommt es doch in den Kochtopf.

How much wood would a woodchuck chuck
if a woodchuck could chuck wood?
A woodchuck would chuck
all the wood a woodchuck could chuck
if a woodchuck could chuck wood.

Sag nicht das Erste, was dir einfällt.

Sag einem Krokodil erst, dass es hässlich ist, wenn du den Fluss überquert hast.

Nur ein Lügner ist in Eile, nimm einen Stuhl und setz dich!

Ganz egal wie lange ein Baumstamm im Wasser liegt, er wird kein Krokodil werden.

Es ist nicht notwendig, die Laterne eines anderen auszublasen, damit die eigene heller scheine.

Einem herumschweifenden Jäger begegnet ein herumschweifendes Tier.

Eine vor aller Augen geschlagene Wunde muss auch vor aller Augen genäht werden.

Ein vertrockneter Baum weigert sich nicht zu brennen.

Ein Verliebter betrachtet eine Blume mit anderen Augen als ein Kamel.

Ein Hügel, der nicht möchte, dass man auf ihm herumtritt, darf keine essbaren Pilze wachsen lassen.

Ein grosser Kopf ist eine schwere Last.

Die Schildkröte sagt: Arbeit, die schon begonnen wurde, ist schon so gut wie fertig.

Das Schwert kennt keinen Unterschied zwischen dem Kopf des Schmiedes und anderen Köpfen.

Das Unglück hält sich nicht an Besuchstage.

Es gibt Menschen, die gehen in den Wald und finden doch kein Holz.

Krankheiten suchen niemanden heim,
der vor dem Schlafen seine Füsse massiert.
Genauso wie sich die Schlangen keinem Adler nähern.

Wenn man den toten Hund nicht aus dem Brunnen holt, wird man den Brunnen nie sauber bekommen.

Wenn du den Hahn einsperrst, geht die Sonne doch auf.

Fährt ein Schwein durch den Tunnel, hat der andere auch fünf Mark

Die einzige Kunst, die ich in diesem Raum entdecken kann, ist die Stuckatur an der Decke!

Ein Regio-Express verkehrte am Mittwoch mit einem Graffiti auf einem Wagen von Schaffhausen nach Zürich. Darauf stand «Fuck Police» und «Bullen sind Dreck».

Markus Lüpertz fordert Einbrecher auf
Gebt mir meine Bilder zurück

A boring headline means a boring presentation

no pants are the best pants.

TOO DUMB FOR NEW YORK
TOO UGLY FOR L.A.

Eat a lot, sleep a lot

Choose your
SPRING STYLE
73 great looks, from bohemian
chic to boy shirts

Woman in Elevator: Seven and a half, right?
Craig Schwartz: Yuh.
Woman in Elevator: I'll take you through it.

Menschen.
Menschen.
Menschen.
Tiere.
Menschen.

Repeat after me:
I DESERVE NEW SHOES!

Maxine: Meet you in Malkovich in one hour.

Craig Schwartz: What happens when a man goes through his own portal?

I've got the power hey yeah heh
I've got the power
Oh-oh-oh-oh-oh-oh-oh-oh-oh
yeah-eah-eah-eah-eah-eah
I've got the power
Oh-oh-oh-oh-oh-oh-oh-oh-oh
yeah-eah-eah-eah-eah-eah
Gettin' kinda heavy
Oh-oh-oh-oh-oh-oh-oh-oh-oh
yeah-eah-eah-eah-eah-eah
I've got the power
Oh-oh-oh-oh-oh-oh-oh-oh-oh yeah
Gettin' kinda heavy
I've got the power
It's gettin' it's gettin' it's gettin' kinda heavy
It's gettin' it's gettin' it's gettin' kinda heavy
It's gettin' it's gettin' it's gettin' kinda heavy
It's gettin' it's gettin' it's gettin' kinda heavy
I've got the power
He's gonna break my heart
He's gonna break my heart of hearts
He's gonna break my heart
He's gonna break my heart of hearts
He's got the power oh-oh-oh-oh
It's gettin' it's gettin' it's gettin' kinda hectic

It's gettin' it's gettin' it's gettin' kinda hectic
It's gettin' it's gettin' it's gettin' kinda hectic
It's gettin' it's gettin' it's gettin' kinda hectic

It's gettin' it's gettin' it's gettin' kinda hectic
It's gettin' it's gettin' it's gettin' kinda hectic
It's gettin' it's gettin' it's gettin' kinda hectic
It's gettin' it's gettin' it's gettin' kinda hectic

Jailhouse Rap Songtext

In Jail
In jail
Unh-unh...
Unh-unh...

In jail, in jail, without no bail
In jail, we're in jail because we failed
In jail, in jail, without no bail
In jail, we're in jail because we failed

Now there was just one day
That I will never forget
I got jailed for something that
I'll always regret

It was twelve o'clock, midnight
And I wanted a snack
So I headed downstairs
Thought the fridge was packed
But when I opened the door
What did I see?

The back of the fridge staring right at me
I thought to myself
I could almost die
Then an immage appeared
A pizza pie

So I put on Adidas
Headed out the door
As I pictured myself
Eating more and more
But the store was closed

Craig Schwartz (in John Malkovich): There is truth, and there are lies, and art always tells the truth. Even when it's lying.

Music to Be Murdered To
Alfred Hitchcock & Jeff Alexander

Craig Schwartz: You don't know how lucky you are being a monkey. Because consciousness is a terrible curse. I think. I feel. I suffer. And all I ask in return is the opportunity to do my work. And they won't allow it... because I raise issues.

Waiter: Malkovich?
John Malkovich: MALKOVICH!
Waiter: Malkovich.

[Innsbruck, Graz, Wien] Alle diese Städte, die ich naturgemäss auch schon vorher, wenn auch nicht gründlich, gekannt habe, deprimieren mich auf das Niederschmetterndste und es sind ja auch, vornehmlich Graz, widerwärtige Provinznester, jede für sich hält sich für den Nabel der Welt und glaubt, den Geist gepachtet zu haben, ja, aber es ist nur der ganz primitive Kleinbürgergeist; die Abgeschmacktheit Philosophie lehrender und Literatur betreibender Schrebergärtner habe ich in diesen Städten kennengelernt, nichts sonst und der üble Geruch bornierter Gemeinheit in diesen österreichischen Kloaken hat mir von vornherein den Appetit auf einen längeren, als nur den kürzesten Aufenthalt verdorben. Wie hasse ich diese mittelgrossen Städte mit ihren berühmten Baudenkmälern, von welchen sich ihre Bewohner lebenslänglich verunstalten lassen. Kirchen und enge Gassen, in welchen immer stumpfsinniger werdende Menschen dahinvegetieren. Salzburg, Augsburg, Regensburg, Würzburg, ich hasse sie alle, weil in ihnen jahrhundertelang der Stumpfsinn warmgestellt ist.

American Indian Movement

Indians Welcome

NO MORE REALITY

It is all because I am so ugly.

NATIVE RESISTANCE

If
we
must
die,
we
die
defending
our
rights

Idle Vice

McCain = Indian Killer

We Are Not Your Mascots

President Obama:
Protect Our Sacred Water

Culture
Matters

Idle
No More

I hope so man!!! really want to work with him! best
publisher out there. next time i come to CH
we should have a wurst !

A working class hero is something to be

Früher oder später
werden alle Schauspieldirektoren verjagt
Aus dieser grauenhaften Stadt Lübeck
Alle diese am Meer gelegenen Städte stinken
aber in Lübeck stinkt es am, mitleidlosesten

British war veterans have thrown down medals in disgust at UK operations in Syria. Veterans of the Gulf War, Iraq, Afghanistan and Libya discarded their medals at the gates of Downing Street.

ANARCHISCHER
AUSGLEICHSRAUM

Phone Phil for fine fresh fish.

Wenn der Affe zuschaut, pflanze ich keine Erdnüsse

Bitte Ruhe!

Die US-Aussenpolitik
gespielt von Julian Sartorius

Der Typ ist und bleibt ein Idiot

Wer ist die Art-Basel-Messerstecherin?

Zur Hölle mit Seniorentellern!
von Ellen Berg

Ich bin nicht süss, ich hab bloss Zucker
von Renate Bergmann

Aphorismen, Sprüche, Lebensweisheiten: So vielfältig
... von Hildegard Paulussen

Montags könnt ich kotzen
von Thomas Ramge

Vegetarier essen meinem Essen das Essen weg
von Dominic Boeer

"Ich hab dich rein optisch nicht verstanden"
von Sören Sieg

"Krieg ich schulfrei, wenn du stirbst?"
von Jess Jochimsen

Migraine like pain assaults brain
hands losing grasp of sanity rein

im Real nix auf die Reihe bekommen und hier auf dicke Hose machen.

Ich sagte doch Du drehst
es dir auch wie Du willst!

als teenager hab ich einen gekannt der so eins hatte
ich bin ja immer noch teenager

Primaten und Menschen
Die folgenden Kapitel befassen sich mit dem Verhältnis zwischen Menschen und anderen Primaten, wobei der Mensch selbst weitestgehend unbeachtet bleibt.

Forschungsgeschichte
Zu den frühesten im Mittelmeerraum bekannten Primaten zählten der Berberaffe Nordafrikas und der Mantelpavian Ägyptens. Der karthagische Seefahrer Hanno († 440 v. Chr.) brachte von seiner Afrikareise die Felle von drei „wilden Frauen“ mit, vermutlich Schimpansen. Aristoteles schreibt über Tiere, die sowohl Eigenschaften des Menschen als auch Eigenschaften der „Vierfüsser“ teilen und unterteilt sie in (Menschen-)Affen, „Affen mit Schwanz“ und Paviane. Den Pavianen attestierte er eine hundeähnliche Schnauze und Zähne und prägte so den Begriff der Hundsaffen. Im 2. Jahrhundert nach Christus sezierte Galenos von Pergamon Berberaffen und schlussfolgerte daraus die menschliche Anatomie; bis ins 16. Jahrhundert hinein waren seine Forschungen für die Medizin bestimmend. Die Vorstellungen von Primaten im Mittelalter waren überlagert von Fabelwesen wie behaarten, geschwänzten Menschen und Halbwesen ähnlich dem Satyr. Pan, der Gattungsname der Schimpansen, abgeleitet vom bocksfüssigen Hirtengott Pan, geht auf solche Vorstellungen zurück. 1641 kam erstmals ein lebendiger Schimpanse nach Holland und wurde vom niederländischen Arzt Nicolaes Tulpius (1593–1674), der durch seine Verewigung in Rem-

brandts Gemälde Die Anatomie des Dr. Tulp berühmt wurde, untersucht und unter dem Titel „Indischer Satyr" veröffentlicht. Als Begründer der Primatologie gilt der englische Arzt und Zoologe Edward Tyson (1650–1708), der 1699 eine Reihe von Gemeinsamkeiten zwischen dem von ihm untersuchten „Orang-Utan oder Homo sylvestris" – in Wahrheit einem Schimpansen aus Angola – und dem Menschen feststellte. Carl von Linné schuf die grundsätzlich heute noch gültige Systematik der Tiere, er teilte in der zehnten Auflage seiner Systema Naturae (1758) die Primaten in vier Gattungen: Homo (Mensch), Simia (Menschenaffen und andere Affen), Lemur (Lemuren und andere „niedere" Affen) und Vespertilio (Fledermäuse) – in früheren Auflagen hatte er auch noch die Faultiere zu den Primaten gerechnet.

Ganz mochte man sich mit der Einordnung der Menschen unter die Primaten nicht abfinden, so teilte Johann Friedrich Blumenbach diese Gruppe in die „Bimana" (Zweihänder, also Menschen) und „Quadrumana" (Vierhänder, also nicht-menschliche Primaten). Diese Einteilung spiegelt sich auch in der Tatsache wider, dass Menschenaffen in jener Zeit oft mit einem Stock dargestellt wurden, da das zweifüssige Gehen ohne Hilfe dem Menschen vorbehalten war. Im 19. Jahrhundert wurde die Evolutionstheorie entwickelt und Thomas Henry Huxley band mit seinem Werk Evidence as to Man's Place in Nature (1863) den Menschen konsequent in die Evolutionsvorgänge ein, was noch jahrzehntelange Diskussionen anheizen sollte, ob der Mensch denn wirklich vom Affen abstamme. Der britische Zoologe St. George Mivart (1827–1900), ein konservativer Katholik und Autodidakt, versuchte einerseits, Darwins und Huxleys Thesen zu widerlegen, unter anderem mit der Behauptung, die Erde existiere für die beschriebenen Evolutionsprozesse noch nicht lang genug, andererseits aber modifizierte er die Einteilung Linnés, indem er die Fledermäuse von den Primaten abtrennte und die bis vor kurzem gültige Einteilung in Halbaffen und Affen durchführte. Mivart etablierte auch eine Merkmalsliste der Primaten, in der er unter anderem ausgebildete Schlüsselbeine, einen Greiffuss mit gegenüberstellbarer Grosszehe und einen freihängenden Penis mit dahinterliegendem Skrotum anführte.

Affen und Menschen

Zur Forschungsgeschichte, der kulturellen Bedeutung und anderem mehr siehe Primaten und Menschen.
Im Deutschen wird „Affe" auch als Schimpfwort gebraucht; doch kann „Äffchen" ein (herablassendes) Kosewort sein. Das Adjektiv „affig" hat verschiedene, ausschliesslich negative Bedeutungen. Es kann eitel, eingebildet, arrogant, gekünstelt, albern, dumm oder lächerlich bedeuten. Jemanden zu „äffen" heisst, ihn hinters Licht zu führen, ihn „nachzuäffen", ihn veralbernd nachzuahmen.
In anderen Kulturen galten oder gelten dagegen manche Affenarten als besonders weise und klug und werden sogar als heilig verehrt, so die Mantelpaviane im Alten Ägypten oder die Hanuman-Languren im Hinduismus.

Primaten als Nutztiere

Der Rhesusaffe „Sam" bei seinem Raumflug 1959
Unter den Primaten finden sich keine klassischen Nutztiere. Im Bereich der medizinischen Forschung und der Erprobung von Kosmetika werden Primaten vielfach für Tierversuche verwendet. Am bekanntesten ist wohl der Rhesusfaktor, der 1940 am Rhesusaffen entdeckt wur-

de. Früher hat die Suche nach Versuchstieren die Populationen zum Teil drastisch dezimiert; heute stammen die Tiere für diese Zwecke meist aus eigener Züchtung. Der Sinn und Nutzen der Tierversuche ist heftig umstritten, und die Diskussion darüber wird äusserst kontrovers geführt.

Ein weiterer Verwendungszweck von Primaten war die Raumfahrt. Der erste war 1958 „Gordo", ein Totenkopfaffe, der an Bord einer Redstone-Rakete ins All befördert wurde. Es folgten weitere Totenkopfaffen, Rhesusaffen und Schimpansen in den Raumfahrtprogrammen der USA, Frankreichs und der Sowjetunion.
In den USA gibt es Projekte, bei denen Kapuzineraffen als Hilfen für körperlich behinderte Menschen ausgebildet werden

Willst du meine Villa sehen? Wir können mit meinem Ferrari hinfahren.

Heute war so ein total beschissener Tag. Aber egal, jetzt bist du ja da!

Mafia wants me.
I need some cash really fast.
For sale; My liver.

a headless horseman
sits atop a big trapeze
slowly passing gas.

Run Chicken Run

Run chicken run.
The farmers got the gun

The wife has the oven hot
And your the one.

So run and run
So you don't get served with a bun.

Er kam sah und schnappte sich ein Gnu!

Chuck Norris counted to infinity. Twice.

Chuck Norris doesn't play "hide-and-seek." He plays "hide-and-pray-I-don't-find-you."

When Chuck Norris was born he drove his mom home from the hospital.

Big foot claims he saw Chuck Norris.

Chuck Norris is the only person that can punch a cyclops between the eye.

Some kids piss their name in the snow. Chuck Norris can piss his name into concrete.

Chuck Norris kann einen Hut aus einem Hasen zaubern.

Wenn man Chuck die Hand gibt, sieht man sie nie mehr wieder.

Chuck Norris can cut a knife with butter.

If it looks like chicken, tastes like chicken, and feels like chicken but Chuck Norris says its beef, then it's beef.

If a man says something in the woods, and no woman can hear him, is he still wrong?

Give yourself permission to feel shitty.
You're allowed to have a shitty day, and you don't have to fix it all right now. If you try to fix it and it doesn't work, that doesn't mean it's hopeless. Give yourself the time and space you need to feel what you're feeling.

Der Cheerleader-Effekt besagt, dass eine einzelne Person in einer Gruppe von Menschen attraktiver wirkt als für sich allein betrachtet. Dies gilt sowohl für Männer als auch für Frauen.

Rodeo clown
A rodeo clown, bullfighter (US/Canada) or rodeo protection athlete, is a rodeo performer who works in bull riding competitions. Originally, the rodeo clown was a single job combining "bullfighting" - the protection of riders thrown from the bull, as well as being an individual who provided comic relief. Today in the USA, the job is split into two separate ones, hiring bullfighters who protect the riders from the bull, and entertainers, a barrelman and a clown, who provides comic humor. However, in other parts of the world and at some small rodeos, the jobs of rodeo rider protection and comic remain combined.

Tasks and skills

The primary job of the bullfighter is to protect a fallen rider from the bull by distracting the bull and providing an alternative target for the bull to attack, whether the rider has been bucked off or has jumped off the animal. These individuals expose themselves to great danger in order to protect the cowboy. To this end, they wear bright, loose-fitting clothes that are designed to tear away, with protective gear fitted underneath. Rodeo clowns require speed, agility, and the ability to anticipate a bull's next move. Working closely with very large, very powerful animals, rodeo clowns are often injured seriously, and, sometimes, fatally.

In some venues, rodeo bullfighters still wear clown makeup and some may also provide traditional clowning entertainment for the crowd between rodeo events, often parodying aspects of cowboy culture. But most modern bullfighters no longer dress as clowns, though they still wear bright, loose-fitting clothing. At larger events in the USA, the job is split, a bullfighter (sometimes two or more) protects the riders from the bull, and a barrelman and clown (sometimes one person, sometimes two) provide comic humor. Some barrelmen provide both comedy and support to bullfighters, but the job of a bullfighter is generally distinct from that of the comic.

Technique

The rodeo clowns enter the rodeo arena on foot, before the bull is released from the bucking chute. They stand on either side of the chute as the bull is released and work as a team to distract the bull and thus protect the rider and each other. Their role is particularly important when a rider has been injured, in which case the rodeo clown interposes himself between the bull and the rider, or uses techniques such as running off at an angle, throwing a hat, or shouting, so that the injured rider can exit the ring. When a rider has been hung up, they face the extremely dangerous task of trying to free the rider, with one team member going to the bull's head and the other attempting to release the rider.

Typically, at larger rodeos, rodeo clowns work in groups of two or three, with two free-roaming bullfighters and a third clownish-behaving team member, who is known as the barrel man. The barrel man uses a large, well-padded steel barrel that he can jump in and out of easily, and the barrel helps to protect the rodeo clown from the bull. In Australia, rodeo clowns generally do not use barrels.

All members of the protection team wear loose, baggy clothing. The comic may wear the most outlandish clothing in bright colors, which may include things like wearing an inflatable female costume, and uses noisy colorful props such as rubber chickens and exploding garbage cans.

Typically, the clown carries a microphone and heckles the rodeo announcer, the crowd and anyone else he recognizes. During the bull riding event, the clown supports the bullfighters, including taunting the bulls by calling them names and waving props at them, usually from within the safety of the barrel. Rodeo clowns may also tell jokes and use topical humor, though in one case, a clown told a racist joke about Michelle Obama, which offended many and for which he and the rodeo's organizers subsequently apologized.[

To paint is a possessing rather than a picturing.

Painting seems
like some kind
of peculiar miracle
that I need to
have again and again.

Ein Möbiusband entsteht, wenn man einen schmalen Streifen Papier einmal verdreht und dann zusammenklebt. Damit lassen sich eine Reihe von unglaublichen Experimenten machen, deren Ausgang jeden verblüffen werden, der diese Tricks mit dem Möbiusband noch nicht kennt.

In den 1970er-Jahren hatten einige hohe Strategen in der US-Armee die Idee, Hippie-Ideale für eine gewaltlose Kriegsführung umzusetzen. In den 2000er-Jahren werden, als Resultat davon, Kriegsgefangene im Irak durch das stundenlange Anhören von Trickfilmmusik bei voller Lautstärke gefoltert. In der Zwischenzeit hat die US-Armee die Hilfe von Uri Geller in Anspruch genommen, versucht, durch Wände zu gehen und Ziegen durch Telekinese zu töten. Klingt haarsträubend, ist aber wahr. Jon Ronson, Spezialist für das Aufdecken fast nicht zu glaubender Tatsachen, zeichnet in seinem zweiten Buch faktenreich, klar und lakonisch die Stationen einiger verrückter Ideen und ihre realen Folgen auf. "Durch die Wand" ist gleichzeitig beängstigend und absurd-witzig, tragisch und erhellend.

Ein paar Gedanken zum Hass auf die HSG.

over-the-couch things

Painting is an illusion, a piece of magic, so what you see is not what you see.

I am a night painter, so when I come into the studio the next morning the delirium is over.

Auf der Kunstmesse Art Basel/Miami Beach wurde gestern eine Frau niedergestochen. Besucher hielten den Vorfall für eine Kunstperformance

I can't tell
you how
many hot dogs
I've eaten
in my life.

In my parents' generation, rebellion was pop culture. It's not anymore.

04.30 Uhr ist eine gute Zeit zum Denken

Ennio Morricone
Dan Savio
Leo Nichols

1 Do It. Just Do It.
2 Don't Let Your Dreams Be Dreams'
3 If You're Tired Of Starting Over, Stop Giving Up.
4 Yes You Can. Just Do It.
5 Some People Dream Of Success, While You're Gonna Wake Up And Work Hard At It.

Gut!! MITNEHEMEN!!!

Shia LaBeouf
+44 (0) 151 808 0771

Migräne - Symptome

Eine Migräne-Attacke kann in drei bis vier Phasen verlaufen, beginnt aber meist direkt mit Kopfschmerzen („Migräne ohne Aura").

Vorbotenphase: Ein herannahender Anfall weist Symptome wie Appetit- und Stimmungsschwankungen, Heisshunger, Über-/Unteraktivität, erhöhte Reizbarkeit, Konzentrationsstörungen, starkes Gähnen, Müdigkeit oder Licht- und Geschmacks-Überempfindlichkeit auf.

Auraphase: Diese kommt bei etwa 10–15 % Prozent der Betroffenen vor („Migräne mit Aura", früher „klassische Migräne"). Hierbei treten als Symptome vorübergehend neurologische Störungen auf, beispielsweise Augenflimmern, Gesichtsfeldausfälle oder Seheindrücke wie Lichtblitze im Gesichtsfeldbereich, halbseitige Empfindungsstörungen (Kribbeln, Taubheitsgefühl), seltener auch Sprachstörungen.

Kopfschmerzphase: Mit Verschwinden der Aura nach spätestens einer Stunde setzen pochende, hämmernde Kopfschmerzen ein. Diese Schmerzen beginnen bei manchen Betroffenen im Nacken, sind im Verlauf eher auf einer Kopfseite, oft im Bereich der Stirn, Augen und Schläfen lokalisiert und verstärken sich meist bei körperlicher Aktivität. Bei den meisten Betroffenen sind diese Migräne-Kopfschmerzen von starker Übelkeit (bis zum Erbrechen) und Frösteln begleitet, typisch ist auch eine Überempfindlichkeit gegenüber Sinnesreizen wie Licht, Geräuschen und Gerüchen. Daher ziehen sich die Betroffenen meist in abgedunkelte, ruhige Räume zurück.

Rückbildungsphase: Nach 4–72 Stunden lassen die Beschwerden allmählich nach – erstes Zeichen ist oft ein starker Harndrang. Zurück bleiben zunächst meist noch Müdigkeit, Erschöpfung und Schwäche, auch Nackenverspannung, Reizbarkeit und Appetitlosigkeit.

The New York City subway in the 80s was a completely different experience than what we have today. Apparently riders often engaged in some sort of archaic wall-writing art form called graffiti that would cover entire cars. And get this: people didn't read e-books on their Kindles or tablets, they actually used paper newspapers! And the crime was almost as bad as depicted in The Warriors and Deathwish. These days all you really have to worry about is sitting in the occasional pee puddle in the last car late at night. Progress!

Wenn man das so liest, fragt man sich, warum es noch Hartz IV gibt.

Ihr da oben, Ihr da unten: Wer sind
die wahren Asozialen?

Robot kills man
machine at VW plant grabs and smashes worker

Upside down US Flag:
The militia uses this as a symbol
of a nation in distress.

WE ARE NOT OK

Vom Baby bis zum Greis - 46 Schweine isst jeder Deutsche in seinem Leben. Doch kaum ein Verbraucher weiss, wie Schweine gehalten und geschlachtet wurden. Dabei hatte jedes Kotelett einmal Augen. Sicher: Jeder soll selbst entscheiden, ob und wie viel Fleisch er essen möchte. Doch wer nicht darauf verzichten will, sollte wenigstens wissen, wie das Tier gelebt hat, bevor es auf dem Teller landet.

Klug und nicht klug

Lieber Kunde ,
Sie haben eine neue interne nachricht empfangen.
Klicken Sie hier um zu lesen.

In einem Hangar auf der amerikanischen Air Force
Base Wright- Patterson lebt ein Ausserirdischer.

Die Russen haben an einem geheimen Stützpunkt in Sibirien Kinder in aussersinnlicher Wahrnehmung ausgebildet. Die Kinder können allein mit ihren Gedanken Menschen an jedem beliebigen Ort auf der Welt töten.

Neo-Kreationismus

Zum Neo-Kreationismus zählt insbesondere die Auffassung vom intelligenten Design. Im Kern geht es um die Annahme, das alle Lebewesen von einem intelligenten Designer "entworfen" sein müssen, weil sie in ihrem Auftreten zu komplex sind, als dass sie sich durch die Evolution hätten entwickeln können.
Als Hauptargument dient in der Regel die sogenannte nichtreduzierbare Komplexität der Organe. Es wird argumentiert, dass sich bestimmte Organe nicht ohne zutun einer höheren Macht hätten entwickeln können, da einerseits die einzelnen Komponenten nicht auf weniger entwickelte Organe reduzierbar seien (z.B. das Flagellum bei Bakterien), und andererseits das Zusammenspiel der Einzelkomponenten (z.B. beim Auge des Menschen) ein in sich geschlossenes System darstellen. Doch diese Denkweise entpuppt sich als falsch: Denn innerhalb der Evolution entstehen komplexe Systeme (wie das Auge) nicht von selbst, sondern sie entwickeln sich aus Teilkomponenten, die zuvor eine andere Funktion inne hatten, was sowohl auf das Flagellum, als auch auf das Auge zutrifft.
Wegen der Annahme eines übernatürlichen Wesens gilt das Konzept des Intelligent Designs als Pseudowissenschaft. Eine wissenschaftliche Prüfung der Argumente ist nicht möglich.

Ein Mann fragte Tao-hsin beim Essen "Was ist die Wahrheit hinter allem." Daraufhin Tao-hsin "Nicht die Küche."

Tao-hsin sprach
zu seinen Schülern
"Stelle dir dein Herz,
dein Gehirn vor.
Und dann: Stelle
dir vor, dein Körper
wäre eine leere Hülle."

David Copperfield schrumpft

DC lässt einen Tisch auf die Bühne rollen, auf dem ein Kasten ruht (hat eine gewisse Ähnlichkeit mit dem Kasten der "zersägten Jungfrau"). Er legt sich hinein, Kopf, Arme und Beine sind zu sehen. Mit den Armen schrumpft er den Kasten, so dass schliesslich die Füsse direkt an dem Kopf sind.

Die Erklärung kommt von Axel Culmsee von TVneu, konnte jedoch von mir nachvollzogen werden.

Beim Hineinlegen in den Kasten werden falsche Füsse und ein falscher Kopf (!) eingesetzt. Ermöglicht wird dies dadurch, dass weder Füsse noch Kopf beim Einlegen ständig zu sehen ist. Die falsche Füsse machen immer nur die gleichen Bewegungen; der falsche Kopf bewegt sich zwar, der Gesichtsausdruck jedoch nicht. DC befindet sich in dem "dicken" Boden (der sieht aus als wäre nur er "konstruktionsbedingt" so dick - er ist aber hohl).

Bei der Vorführung sind zwei Synchronisationsfehler. Beim Hineinlegen ist der Kopf etwas früher unten, als man es erwarten würde; beim Herauskommen ist der Kopf etwas früher oben, als man es erwarten würde.
Bei S&R wird das gleiche Prinzip verwendet, d.h. dort ist der Kopf auch kurzzeitig nicht zu sehen. Eine Verbesserung haben S&R jedoch: der Kopf öffnet und schliesst den Mund wiederholt.

Die strikteste Form des Vegetarismus ist eigentlich der Jainismus bzw. die Speiseregeln desselben, Jainismus ist eine Religion.
Bei den Jains steht gar nicht so sehr Tier oder Pflanze im Vordergrund, sondern die völlig Gewaltfreiheit/ Verletzungsfreiheit. Daher Milch ja, Ei nein. Wurzelgemüse nein, weil dadurch die Pflanze zerstört würde. Aber auch von einjährigen Pflanzen nicht, weil dann Mikroorganismen dran glauben würden. Ein Apfel mit Wurm, nein. Honig ist natürlich auch verboten. Und auch alle Formen verderbender Lebensmittel, ebenfalls wieder wegen der Baktieren. Das heisst: kein Joghurt, kein Käse, kein Most, etc. Wasser darf, auch wegen der Mikroorganismen, nur gefiltert getrunken werden (bei Leitungswasser erübrigt sich das)

Video does not exist

YOU
DON'T
GET
FUCK ALL
FOR
NOTHING

Bill Gates ist der Teufel, denn korrekt heisst er William Henry Gates III. Wandelt man die Buchstaben seines Namens in ASCII- Werte um, erhält man folgendes: B 66 - I 73 - L 76 - L 76 - G 71 - A 65 - T 84 - E 69 - S 83 + 3 = 666. Die 666 ist die Ziffer und das Zeichen des Teufels.

In einem Bericht des amerikanischen Magazins George erklärt der Schauspieler John Travolta, dass ihm US-Präsident Bill Clinton bei einem persönlichen Gespräch zugesichert habe, die "Scientology"- Sekte vor allem bei ihren Schwierigkeiten in Deutschland zu unterstützen. Dieses Versprechen sei erfolgt, damit in dem Hollywood- Film "Primary Colors" ein positiveres Bild Clintons gezeichnet werde. Nach Angaben des Präsidentenberaters Sandy Berger seien Travoltas Aussagen und der Bericht völlig unzutreffend, vielmehr handle es sich um eine konstruierte "Verschwörungstheorie".

Paul McCartney ist tot und wurde durch einen Doppelgänger ersetzt, denn auf dem Cover des Albums "Sgt. Pepper" trägt er einen Aufnäher mit der Aufschrift "OPD", was ein kanadisches Akronym für officially pronounced dead ist. Der ebenfalls auf dem Cover abgebildete VW-Käfer trägt ausserdem das Nummernschild "28 IF": exakt das Alter, das McCartney erreicht hätte, wäre er noch am Leben gewesen; und schliesslich ergibt der Refrain des Songs "Revolution Number Nine" rückwärts abgespielt die Worte "Get me out! Get me out.

Das Stanford Research Institute hat einen Mann gefunden, dessen Körper im Dunkeln leuchtet.

Fiona Hefti. Der Ring ist weg!

Sie trug Kopfhörer
Marathon-Läuferin gerät in Mäh-Maschine!

Wenn man reich ist, wünscht man sich einen republikanischen Präsidenten.

Benehmen ist eben Glücksache....

Das ist der Kreislauf Das Casino zogt die Spieler ab und die Gängster zogen das Cassino ab.

Sagt der Schönheitschirurg
bei der Gesichts-OP zum
Assistenten: „Kannst du mal
die Fresse halten?“

Rotes Quecksilber

How The Right Went Wrong

Why Main Street Hates Wall Street

Deal with it.

There is no best time for anything.

Is Good Dead?

Ein junger Mann trat vor Tao-hsin "Bitte gebt mir einen Fingerzeig." Tao-hsin hob die vor ihm liegende Tasse auf und fragte den Mann "Wer hat diese Tasse bewegt?"

Ein Schüler trat
vor Tao-hsin
"Bitte erklär mir das

Wesen der Liebe."
Tao-hsin antwortet
"Keine Lust."

Tao-hsin sprach
zu seinen Schülern
"Stell dir vor,
die ganze Welt wäre
in deinem Kopf."

The internet profit maker seminar.

Diana was still
alive hours
before she died

Bigfoot kept lumberjack as love slave

One-armed man applauds the kindness of strangers

Isch also no glatt das Büechli (Darf man das von Kunst sagen?)

Sie hatten damals
auch gemeint, dass
Sie unter einem
Pseudonym mitmachen
würden – ist das noch
aktuell? $epp $latter?

Uralte Weisheit
Spirituelles Buch zum
kostenlosen Download

Wenn Du schon kein Stern am Himmel sein kannst,
sei wenigstens eine Lampe im Haus!

Fällt eine Krähe ins Mehl,
so bleibt sie doch nicht lange weiss.

Geschickte Reden und ein zurechtgemachtes Äusseres
sind selten Zeichen von Mitmenschlichkeit.

Je klarer das Wasser, desto weniger Fische.

Hoppla, Geschichte nicht gefunden!

Es gibt keine Nadel, die an beiden Enden spitz wäre.

Deshalb ist es vielleicht gut, mal mit einer Fachfrau, einem Fachmann, kurz einem Therapeuten zu sprechen. Ich glaub, dass Dir schneller geholfen werden kann, als Du noch denkst.

We Are All the Taiwanese Kid Who Punched a Hole in a $1.5 Million Painting

A 12-year-old boy in Taiwan has punched a hole in a $1.5 million painting, which on the surface level is one of the greatest flexes of all time. Fuck art, right? Fuck art! Art is shit!

Lotto-Zahlen immer blöder

Diese Affenhitze – Werden wir jetzt alle Afrikaner?

Scheintote weinte in der Leichenhalle –
Ich bin nicht tot, ich friere so.

Asteroid rast auf Erde zu

Kannibale wünscht sich
Bockwurst zu Weihnachten

Kann ich mal durch? Ich suche den Weg ins Wunderland.

Der Blick auf meine Gehaltsabrechnung lässt nur einen Schluss zu: Ich habe meinen Beruf zum Hobby gemacht.

Ein Mathebuch ist der einzige Ort, wo es normal ist, 53 Melonen zu kaufen.

Mal ehrlich, würde ich jeden Tag so leben, als wäre es mein letzter, sässe ich schon längst im Knast.

Ich glaube Arbeit
ist nichts für mich...
ich bin eher der Freizeittyp.

Habt ihr übernatürliche Kräfte? Wie die Vampire aus twilight? Also Zukunft sehen oder so? Wenn ja, wie habt ihr sie herausgefunden und hat das jeder?

Ich kann die Gefühle von Menschen sofort ablesen. Ich hab auch quasi einen A-hole-Sensor. Ich merke sofort ob die mir gegenüberstehende Person gute oder schlechte Absichten hat.
Zudem fühle ich mich bei Vollmond immer unwohl. Das schlimmste Erlebnis bei Vollmond war erbrechen und hohes Fieber. Am nächsten Tag war alles vorüber und ich fühlte mich Pudelwohl.
Das Schlimmste aber ist, dass mir fast jede Person mit der ich eine Konversation führe dumm vorkommt. Fast jedes Gespräch ist vergleichbar mit einem Schaf.
Zudem hatte ich auch schon Träume in denen ich schlimme oder auch gute dinge sah die wahr geworden sind.
Es gibt Leute die haben richtige Gaben ,nicht in die Zukunft sehen oder so was ihr alle sagt ,NEIN, etwas ganz anderes. Ich erzähle es euch. Manche Menschen haben die Fähigkeiten sich zu verwandeln oder die Natur kontrollieren.Aber die haben wirklich wenige Menschen geerebt. Sie verraten es nicht weil sie Geheim halten, denn wen es ans Licht kommt werden als ein Probeaffe benutzt. Ich habe eine grosse fähigkeit geerbt denn Wind und die Luft zu kontrollieren. Man kriegt es aber

nur ihn schlimmen Fällen. Als mich ein 2 Meter grosser Man verfolgt hat, habe ich so laut geschrien wie nur möglich, und da geschah es. Ich sah das unglaublichste was ich je gesehen habe. Also jeder kennt bestimmt das wenn man Steine in einen Fluss wirft enstehen da so viele kleine Kreise, aber da war kein Fluss oder See ,es geschie mit der Luft! Ich weis nicht wie das gescehen ist aber da Schutz barjer (ich weis nicht wie das geschrieben wird tut mir leid) ausserhalb des Mannes und er dort drin gefangen und konnte nicht mehr raus. Ich habe ein bisschen gestaunt und bin dann weiter gerannt. Dann passiert was mit den Bäumen wenn ich Sie zu lange anschauen, Sie wackeln wie Verrückt hin und her, obwohl es keinen Wind gibt! Aber das nur wenn ich sauer bin . Bin also deine Frage MaraRose. Es gibt Übernatürliches in der Welt, jawohl.

Hallo, ich bin auch anders. Ich werde immer ausgegrenzt weil die anderen angst vor mir haben. Ich kann vieles meine mom hat gemeint ich sei in Indigo kind bin.

Hallo,
ich kann Gedanken lesen und in die Zukunft sehen.
Wie ich das herausgefunden habe?
Bei der Sache mit der Zukunft war das so: Ich kam von der Schule - das war so gegen 13:30 Uhr - und hatte plötzlich ein Gefühl, das mir sagte, mein Opa sei mit einer gebrochenen Hüfte im Krankenhaus. Dann, um ca. 17:00 Uhr, kam eine SMS von meiner Tante, in der stand, dass mein Opa gestürzt sei. Dabei habe er sich das

Darmbein gebrochen und seine Hüftprothese sei angebrochen. Deswegen sei er im Krankenhaus.
Anderes Beispiel: Ich habe seit ca. 1 1/2 Jahren das Gefühl gehabt, die Katze meiner Tante hätte nicht mehr lange zu leben, obwohl es ihr gutging. Dann, Anfang dieses Jahres, stellte man bei ihr Krebs fest.
So was habe ich in letzter Zeit öfter.
Zu dem mit dem Gedankenlesen: In letzter Zeit habe ich es öfter, dass ich jemandem in die Augen sehe und weiss, was er im nächsten Moment sagen wird oder gerne sagen möchte. Oft sagt mein Gegenüber das, was ich dann "gehört" habe, auch.

no-touch-torture

Die dunkle Seite der Musik
Folter mit musikalischen Mitteln
Musik hat auch eine zerstörerische Seite. So wurden im US-Gefangenenlager in Guantanamo Bay Häftlinge mit Liedern stundenlang und in extremer Lautstärke beschallt. Auch in KZs diente Musik der Folter. In Göttingen diskutierten Forscher über die Rolle von Musik in Gefangenschaft.
Musik hat eine dunkle und zerstörerische Seite. Das bekannteste Beispiel jüngerer Zeit stammt aus dem US-amerikanischen "Krieg gegen den Terror". Unter anderem im US-Gefangenenlager in Guantanamo Bay wurden Häftlinge mit Rock- und Popsongs stundenlang und in extremer Lautstärke beschallt. Diese Musikfolter gehört zum Repertoire der sogenannten no-

touch-torture, einer berührungslosen Folter. Schmerzen und psychisches Leid sollen entstehen, ohne dass das Opfer angefasst werden muss. Dazu werden Menschen in schmerzhafte Körperhaltungen gezwungen, dürfen tagelang nicht schlafen oder werden eben mit lauter Musik beschallt. Das alles soll sie dazu bringen, Informationen preiszugeben.

Ich war mal im zoo mit einer freundin . Wir waren bei den seerobben und ich habemich auf einen fixiert. Ich bemerkte dass ich wusste wenn er springt. Also habe ich mir einen spass ich sagte immer hop wenn ich fühlte dass er springen will. Und es klappte meine freundin und die anderen im zoo dachten dass er auf mich hort dass hatte er aber nicht ich sagte es nur wennn ich gefühlt hatte dass er springt. Also was denkt ihr und die geschichte ist 100 prozent wahr .

Also ich hab letzte Woche herausgefunden das ich fliegen kann. Seitdem bleibe ich länger wach und fliege Abends aus dem Fenster raus und beobachte die Sterne. In der nähe der Stadt gibt es einen Hügel mit einem Baum. Ich flieg immer Hoch zu diesem Baum und setz mich daneben hin und schaue einfach in die Luft.

Auch der höchste Turm fängt unten an.

Ich weiss, du hast keine Zeit… Habe ich auch nicht… aberfür ein Kafi reichts doch sicher… Pause muss auch sein!

In Guantanamo wurde mit der Sesamstrassenmusik gefoltert.
Musik hat auch eine zerstörerische Seite. So wurden im US-Gefangenenlager in Guantanamo Bay Häftlinge mit Liedern stundenlang und in extremer Lautstärke beschallt. Auch in KZs diente Musik der Folter.

Nicht auffallen, verstehst du die Bedeutung der Worte „nicht auffallen"? Nicht auffallen bedeutet, keinem Sheriff das Hirn wegzupusten, nicht auffallen heisst keine Bankangestellte als Geisel zu nehmen und nicht auffallen heisst keine verdammten Scheiss-Schnapsläden in die Luft zu jagen! – Du kannst immer nur meckern, meckern, meckern!

This song sounds like a copy or homage to Bizzare Love Triangle by New Order.

If you do not wish to receive this mail, please reply with unsubscribe

Eigentlich wollte ich die Welt erobern … aber es regnet!

Ich kann Langeweile und Hunger ganz schlecht auseinanderhalten!

Dies ist leider der Preis für die amerikanische Freiheit, dass jeder Psychopath eine Waffe tragen darf. Es lebe die Freiheit!

Dust Lady
If you give up your dreams, you die.

Na ja, vielleicht sollte die Küstenwache/Frontex aufhören, 220km entfernt von der EU, direkt an der libyschen Küste entlang zu fahren.

Contemporary art has receded
into an amusement for the 1 percent

The Guardian has just released surveillance video of a 12-year-old Taiwanese boy stumbling and breaking his fall by plunging his fist through a painting at an art exhibition in Taipei. It's really something. The organizers of the show, "Face of Leonardo: Images of a Genius" in Huashan 1914 Creative Park, said the injured painting, a 350-year-old oil on canvas work by Paolo Porpora titled Flowers, had been valued at $1.5 million. The footage, which was released by organizers of the exhibition (all publicity is good publicity!), shows the boy, wearing shorts, a blue Puma T-shirt and holding what appears to be a soda, strolling past Porpora's still life, then suddenly catching his foot and tumbling into the painting. According to various reports, the boy's family will not have to pay for the repair of the gash in the bottom right of the painting since the piece was insured.

Ein Bauer hat 16 Schafe. Alle sterben ausser 9.
Wie viele bleiben übrig?

Ein Segelflugzeug stürzt ab und fällt auf eine Zonengrenze. Wer bekommt den Motor?

Wenn ein Nachtwächter am Tage stirbt, bekommt er dann Rente?

Du hast ein Streichholz und kommst in einen leeren und kalten Raum, in dem Du nichts ausser einer Petroleumlampe, einen Ölofen und einen Kamin vorfindest.
Was zündest du zuerst an?

Du bist mein Sohn, aber ich nicht dein Vater. Wer sagt das?

Eine E-Lok fährt nach Süden. Wohin steigt der Rauch?

Was, wenn wir einfach alle kleine Zellen von irgendwas gaaaaaaaanz Grossem sind.
So wie unser Körper aus abertausenden Zellen besteht. Die Luft wäre das Blut des grossen Etwas und wir und all die Lebewesen und Pflanzen um uns herum sind einfach Zellen und Bausteine von etwas Unvorstellbarem.

Eine Lösung habe ich nicht, aber ich bewundere das Problem.

Früher war ich unentschlossen, heute bin ich mir da nicht mehr so sicher.

Destruktive Hektik ersetzt geistige Windstille.

Wer im Schlachthaus sitzt,
sollte nicht mit Schweinen werfen!

Freiheit ist kapitalistischer Mainstream

Sie bemängeln auch, dass wir unsere Bildung entwerten, indem wir uns immer weiter bilden. Wie das?

Wie nah stehen sich Sozial- und Wirtschaftswissenschaften?

Topic-Champion

No Longer a Conspiracy Theory, First State Legalizes Weaponized Drones for Cops

Ich habe Zeit ...
Ich habe Geld ...
Ich habe Platz ...

Anmerkung: Bitte äussern Sie sich sachlich. Zynische und destruktive Kommentare tragen weder zur Debattenkultur bei, noch helfen sie in irgendeiner Weise bei dem, was der Artikel versucht zu erreichen. Sollten Sie dazu nicht fähig sein, so sparen Sie sich bitte das Kommentieren. Die Redaktion

Since its founding 60 years ago by science fiction writer L. Ron Hubbard, Scientology has faced constant controversy. High profile celebrity members promote the church's works, but Scientology's true nature remains clouded in mystery. What is it they don't want you to know?

Das ist gut, aber können Sie da noch mehr Pfiff und Schwung reinbringen?

Entfernt.
Themenfern.
Die Redaktion

Eat like Dr. Oz!

Hast du übernatürliche Kräfte? - Testedich.de

Warning -Graphic Video
Videos that contain graphic content can shock, offend and upset.
Are you sure you want to see this?

Wie wär's mal wieder mit einem Besuch in St.Gallen?

Stephen Hawking warnt vor dem "grössten Fehler der Menschheit"

Fröhliche Schwermut rules ok.

How Lending A Friend Your Car, Then Going to Bed Can Land You a Life Prison Sentence

Alles gesagt,
grossartiger
Journalismus.
random act of kindness

Kanye West announces he's running for president in 2020

The Men of Jersey Shore Get a Master Class in Irony from Terry Richardson.

An Alle, die einen Haufen Kohle brauchen: Hier seit Ihr

I HAVE SOMETHING THAT'S SO REAL

THE POWER OF PERSONALITY

definitiv an der richtigen Adresse und deshalb solltet Ihr Euch diese E-Mail aufmerksam durchlesen, denn wir zeigen HIER exklusiv, wie man sofort an Kohle herankommt, ohne lange zu warten! Superinformativ und topaktuell!

Gruss
Katja Lange

In seiner Jugend spielte Richardson in einer Punkband namens Doggy Style später Signal Street Alcoholics

It's insane, the Internet. Totally craziness. Like a little cancer. People can just do whatever they want, say whatever they want, be totally anonymous. It's totally out of control.

What did the artist draw before he went to bed?
The curtains!

How many modern artists does it take to change a light bulb?
Four. One to throw bulbs against the wall, one to pile hundreds of them in a heap and spray-paint it orange, one to glue light bulbs to a cocker spaniel, and one to put a bulb in the socket and fill the room with light while all

the critics and buyers are watching the fellow smashing the bulbs against the wall, the fellow with the spray-gun, and the cocker spaniel.

Individualität ist anstrengend.

Die heutige Individualisierung ist etwas verkommen.

Ihr seid nicht die Mehrheit, sondern die Dummheit

Auf einem Dorfplatz steht ein 20 Zentner schwerer Stein und wenn ein Hahn kräht, bewegt er sich. Ist das möglich?

Homedrinking is killing Gastwirt

They couldn't find the artist so they hung the picture.

Du hast ein Haus, bei dem alle Wände nach Süden zeigen. Ein Bär kommt vorbei. Welche Farbe hat er?

Du bist der Busfahrer. An der ersten Haltestelle steigen 5 Leute ein. An der zweiten 3 ein und 2 aus. An der nächsten 4 ein. Dann steigen 5 aus und drei ein.
Wie alt ist der Busfahrer?

Cheer up,
the worst
is yet to come.

I'm not a
complete idiot,
some parts are missing.

Good color, rare footage thermonuclear bomb test
RDS-37, 1.6 Megatons.

Wi-fi deaktiviert

A dream is just a dream.

Don't blink.
Blink and you're dead.

Your shoes will make you happy today.

Fische und Gäste stinken nach drei Tagen. Geleakte Dokumente zeigen: Das gilt erst recht für Julian Assange, der seit Jahren in der ecuadorianischen Botschaft in London festsitzt.

Im nachfolgenden Januar krachte in Assanges Zimmer das Büchergestell zu Boden - selbstständig, behauptet der Botschaftsgast.

Daves Ziel: weniger als 95 Kilo, Fettpolster deutlich verringern und sichtbare Muskeldefinition aufbauen.

People are naturally attracted to you.

Everyone agrees.
You are the best.

Hier noch ein link zu neueren Demonstrationen der Macht des Geistes (2004) - Uri Geller: Der Löffelbieger - in dem nicht nur Löffel gebogen, kaputte Uhren repariert, sondern auch ein Kompass in Bewegung versetzt wird.
Immer wieder wird ja behauptet, dass Geller nicht mit Psychokinese, sondern mit Tricks arbeitet. Aber auch in

diesem Video kann man sich überzeugen, dass selbst Schulkinder problemlos Löffel biegen können.

Everything happens for a reason.

Bread today is better than cake tomorrow.

Wouldnt it be ironic… to die in the living room?

When you squeeze an orange,
orange juice comes out -
because that's what's inside.

Bro my God

Und wänn ich
nüme räubere cha,
dänn tuen ich
alles zämeschlaa!

Auf der Zonengrenze steht ein Bulle. Wer darf melken?

Dein Tumblr ist so mega!

Am schönschtä ischs immer no dihei.

Martin Parr discovers it's a 'Small World' after all.

Witty and irreverent, Beni Bischof has succeeded in developing an absolutely original language that transforms banal daily objects and pop culture icons into unsettling images that inhabit the space between memes, vernacular photography and ready-made art.

Haftung
Der gesamte Inhalt dieser Websites ist urheberrechtlich geschützt. Das Herunterladen oder Ausdrucken einzelner Seiten und/oder Teilbereiche ist nur insoweit gestattet, als es von dem zur Verfügung gestellten Zweck gedeckt ist. Copyrightvermerke dürfen nicht entfernt oder verändert werden. Jegliche Vervielfältigung, Übermittlung oder Bearbeitung ist ausserhalb der engen Grenzen des Urheberrechts ohne vorherige schriftliche Zustimmung des Urhebers untersagt.

WARNING
KEEP OFF
INDIAN
PROPERTY

Signs of Passive Aggressive Behaviour

The problems of
puzzles are very near the problems of life.

Painting, Smoking, Eating

Ich bin sicher, dass Gursky in seinem Porsche sitzt und weint.

Ein Bericht über Bilder, von denen kein eintziges
zu sehen ist. Chapeau!
Super Typ...

4 9 16 25 ? 49 64 81

i had a very tough time, because i have claws for hands,
it is very hard to live this way - but here is my drawing!

Der punk-shop.com Newsletter mit tollen Aktionen und Sonderangeboten für Stammkunden!

NASA Actually Recorded Sound In Space, And It's Absolutely Bone Chilling

Da brauche ich sehr viel Phantasie um mir da ein
Quadrat vorzustellen zu können.
Sehr viel Phantasie und sehr viel "Guten Willen".

Sarah Palin:
'Native Americans Should Go Back to Nativia'.

Everything happens
for a reason.
But sometimes the
reason is that
You're stupid and
you make bad decisions.

Meth-filled drone crashes in Mexican border town

Today is 10th of september.
it's world suicide day.

Schissi Geil!!!!!

Trudi lässt nichts anbrennen

Anstarren, Selfie machen, aufeinander einschlagen.

Springfield Shopper

George Michael as you've never seen him before – posing topless for selfie with barber lover in hotel.

MEGATRON is out there and he has a sweet tooth for your head.

Jetzt verstehe ich moderne Kunst oder auch nicht...

Henrot Hmm, eher modisch und geschmäcklerisch.... Nicht mein Fall.

Peter

Macht Harry Potter schwul?

Today met one of my heroes, Jamie Oliver: I taught him about philosophy, he taught me about pesto.

While we see space as a visually mysterious environment and relish in all the amazing photographs of the planets, galaxies, and solar systems, we don't pay a whole lot of attention to the audible aspect of space.

gefühlsgeleiteter Hippie-Staat

Es gibt Leute, die einen nicht zu grüssen wagen, weil sie denken, es könnte möglich sein, man erwidere etwa ihre Höflickeit nicht.

Frouagschichta, föarchtig föarchtig.

Super Fast Spray Paint Artist.
They're human bodies, no touch-ups, no apologies.

What Really Matters at the End of Life

Kolumne
Wie alt ist die Erde? Zwischen 4,5 und 4,6 Milliarden Jahre schätzt die Geologie, aber das ist, wie einem jeder Kreationist darlegen kann, das Ergebnis blinder Wis-

senschaftsgläubigkeit. Wer die Heilige Schrift kennt, weiss, dass die Erde vor 6000 Jahren entstanden ist. Im Ussher-Lightfoot-Kalender, der das Erdalter anhand biblischer Stammbäume berechnet, fällt der Schöpfungstag auf den 23. Oktober 4004 vor Christus.

Ihr seid alles kleine Würstchen – und du ein besonders grosses!

Beni
klär ab, ob es das wirklich so gibt > Beweisaufnahme, Fotos machen!
Klage einreichen. Nimm Anwalt.

5 Gute Gründe Wieso Hardcore
Das Schlimmste Genre Überhaupt ist.
Hardcore interessiert sich nicht
für das Leid von Tieren.

From Gulu, Uganda
Unser Körper will nicht, dass wir Kalorien verlieren.

33 Bilder, die zeigen, warum Frauen länger leben als Männer.

Beni Bischof's a product of his generation.

Der Normcore-Trend hat jetzt auch das Liebesleben erreicht.

Lieber Beni,
was für eine Gedankenübertragung. Wollte mich auch heute bei Dir melden, nachdem ich oft schon versucht war; Dich zu kontaktieren.

Online verabreden, um offline etwas zu bewegen: In Hamburg schnitten 50 Friseure 300 Flüchtlingen die Haare. Gratis, einfach so und mit viel Spass.

Der stylischste Feuilletongast aller Zeiten? Auch zu früher Morgenstund ist Jeroen van Rooijen wie aus dem Ei gepellt.

Ihre persönlichen Angaben werden vertraulich behandelt und in keinem Fall an Dritte weitergegeben oder verkauft.

Sie werden jetzt auf die Website des Händlers weitergeleitet. Möglicherweise erscheint eine Warnmeldung, weil Sie die sichere Umgebung verlassen.

I am
Stephan de Prouw.
I'm from
the internet.

I CANT EVEN EXPLAIN THIS ONE I LOVE IT TOO MUCH ITS POINTLESS ME EVEN TRYING.

Dem Museum muss es sehr schlecht gehen das es sich auf C-Promi Niveau hinunter wagt.

Neue Strategie,
noch mehr Risiko.

Alles Gegenwärtige ist auf der Erfahrung der Vergangenheit aufgebaut. Also ist das Zukünftige im Gegenwärtigen bereits vorhanden.

Coole Uhr, Ahmed
Willst du sie ins Weisse Haus bringen?

Bestellnummer 028-1572293-6337924:
3 von TacFirst Tonfa Guardian, hochwertig, für den Polizei-/Sicherheitsdienst

Ansonsten freue ich mich auf viele weitere Publikationen von dir. 'Psychobuch' is my bible!

Weiss nicht was es ist...
Aber die USA ist
sicher Schuld!

Aus Astronauten-Kot entstehen Sternschnuppen.

Super Foto von Käufern.

More neighbours make more fences.

Klimawandel lässt Urzeit-Viren erwachen
Studied at School Of Life

I had this old pencil on the dashboard of my car for a long time. Every time I saw it, I felt uncomfortable since its point was so dull and dirty. I always intended to sharpen it and finally couldn't bear it any longer and did sharpen it. I'm not sure, but I think that this has something to do with art.

Trump and Obama:
A Night to Remember.

Geiler Sound,
sehr geiler Sound.

Ich faulenze nicht - ich arbeite so schnell, dass ich immer fertig bin.

R.I.P the 2.977 americans who died on 9/11
R.I.P the 1.220.580 innocent iraqis who died during the U.S.invasion for something they didn't do.

Die Mutter der Idioten ist permanent schwanger, so viel dazu.

Sincerity has no place
in an art gallery!

I'm the person who built a clock and got in a lot of trouble for it.

Ich wurde dazu ausgebildet,um zu Lügen,zu betrügen und der Offentlichkeit die Wahrheit zu verschweigen.

DAS isch richtig kranke shit!

ISLE of MAN TT

UNITED STATES POSTAL
INSPECTION SERVICE.

Attention. Beneficiary ,

This is to notify you that we have intercepted your parcel from DHL COURIER SERVICE; we have stopped the delivery process for some security reasons.

Industrial Soundtrack For The Urban Decay.

It's class war, stupid!

6 Gründe, warum Snapchat dein Leben bereichert.

jaywalking

WHY DA FAKKIN FAK MAN I FAKKIN H8
THEM MAFAKKAZ GOD DAYUM MA RAGE
IZ ON MAX FAK U FAKKIN FAKK MAN FAKK

4 cops slam a kid down on the sidewalk for jay walking

Sarcastic is the new kitsch

David Foster Wallace was right:
Irony is ruining our culture.

David Foster Wallace long ago warned about the cultural snark that now defines popular culture. It's time to listen.

Selbstsichere Menschen sind wahrscheinlich nicht sehr kreativ.

I Know What is Right and What is Wrong.

My greetings to you,

My name is Mrs. Maria Pfebve, a Zimbabwean living in Johannesburg South Africa, Having sourced your contact, I felt compelled to involve you in this noble project out of the few contacts I got. Although we have not met

before but fate has a way of uniting people. My choosing you is borne out of sheer conviction that our relationship will eventually transcends business/personal relationship in which you and your family will benefit immensely. This is a true life situation and it happened to me. I will tell you everything you need to know & how it happened as soon as I receive your response. I am anxiously waiting for your urgent response. Get back to me if you are interetsed fir more details of this finacial/Invetrsment oppurtunity via my email: mariapfebve019@gmail.com
Have a blessed day.
Regards,
Mrs. Maria Pfebve

Sometimes I Sit and Think, and Sometimes I Just Sit.

Die menschliche Notbremse.

Wall Street Journal confirms that Damien Hirst is no longer cool.

Color film
was built for
white people.
Here's what it
did to dark skin.

Kim Kardashian wurde vom Thron gestossen: Taylor Swift ist jetzt mit unglaublichen 47 Millionen Followern der beliebteste Mensch auf Instagram.

Schlepper im Rheintal – Polizei kommt nicht.

$2.000.000 wurde Ihnen gespendet.
Bitte wenden Sie sich Paul White via:
$2,000,000 was Donated to you.
Please contact Paul White via:

Bin ich dumm,
wenn ich noch arbeite?

…da auslända muss sich an den österreichischen charme anpassen.

Selfies have killed more people this year than sharks.

Racism Kills

David Cameron accused of putting his
dick in pig's mouth.

Japanese women can hire hot men to help them cry.

Want to buy a period blood painting of Donald Trump?

Trident Senses
Mega Mystery

Birth Of The Blues

Jean Michel Jarre ist David Guetta der 70er.

Als Goethe die Kröte erspähte,
die tödlich die Blüte bedrohte,
die Goethe voll Güte einst säte,

gebot der Beredte der Kröte,
dass sie ohne Nöte die Beete
von Goethe nie wieder betrete.

Das Schleimschwein schleimt schweinisch im Schleim,
im Schleim schleimt schweinisch das Schleimschwein

Bürsten mit weissen Borsten bürsten besser als Bürsten
mit schwarzen Borsten bürsten.

Als Anna abends ass,
ass Anna abends Ananas.

Lang schwang der Klang am Hang entlang.

Brautkleid bleibt Brautkleid und Blaukraut bleibt Blaukraut.

Wenn der Benz bremst,
brennt das Benzbremslicht.

Klitzekleine Katzen kotzen klitzekleine Kotze.
Klitzekleine Kotze kotzen klitzekleine Katzen.

Es war einmal ein Mann, der hatte drei Söhne. Der eine hiess Schack, der andre hiess Schackschawwerack, der dritte hiess Schackschawwerackschackommini. Nun war da auch eine Frau, die hatte drei Töchter.Die eine hiess Sipp, die andre hiess Sippsiwwelipp, die dritte hiess Sippsiwwelippsippelimmini. Und Schack nahm die Sipp, und Schackschawwerack nahm Sippsiwwelipp, und Schackschawwerackschackommini nahm Sippsiwwelippsippelimmini zur Frau.

An Oachkatz´lschwoaf muast mid umaran zwoaring vitrioiöi eiöin.

Keanerin hod's B'steck z'spat b'stead.

Oa Zwetschgn im Batz dadatscht und oa im Batz dadatschte Zwetschgn gaabatn zwoa batzige dadatschte Zwetschgn und an batzign Zwetschgndatschi!

A Mamaladenammala hamma zwar a ana dahamm, aba a Rhabarbamamalaad hamma kanna.

Die Katze frass
den Saumagen,
nun kann sie nicht
mehr Mau sagen!

Survival of the Sickest

Life is a long process of getting tired.

In Istanbul gibt es eine Zeichnung
aus dem 10. Jahrhundert,
die die Erde vom All aus zeigt.

Gil Scott-Heron
Running

It's better to be alone sometimes.

You will always be surrounded by true friends

Des Weiteren ist das Übrige auszuschliessen und im Übrigen sind die Ausschlüsse zu erweitern und die Erweiterungen sind ausschiesslich zu erübrigen. Erübrigungen werden des Weiteren ausgeschlossen. Ausgeschlossene Erweiterungen sind übrig. Übrige Ausschlüsse werden erweitert. Erweiterte Erübrigungen werden auschgeschlossen. Ausszuschliessende Erübrigungen werden erweitert.

I can't even imagine!

What did the artist say to the dentist? Matisse hurt!

TROTZ UNMORAL IN OBEREN ETAGEN: DIE ARBEITER LASSEN SICH NICHT SO SCHNELL DEMORALISIEREN

iPhone von Jenny

Hey dude, what's up?

Keep the Heat

Save a Journalist Buy a Newspaper!

Drawing is Therapy

Wer sagt, Grossplastik sei primär eine Domäne der männlichen Künstler?

Good luck.
...and DON'T fuck it up.

All my friends look like Victoria's
Secret model and I look like
Victoria sponge cake

Gib mir keinen rat, gib mir einen Drink.

Das Echo fragt warum.

Positives Denken ist die Lösung aller Probleme der Menscheit und der Welt!

The files and inductions here are meant to brainwash you, severely and permanently. This site also contains adult material. If you still wish to enter than input your age below, otherwise you will be redirected elsewhere.

the worst thing is when you have
a song stuck in your head but you
only know one line

Proffesional Chiller at chillen
Studied Grillen at Harvard University

Six Flags Magic Mountain

Formula Rossa, the fastest roller coaster in the world

tunnel of horror

Ghost train that's a work of art

Sind wir nicht alle ein bisschen Muräne und Putzer-Garnele?

Vor dem selbstgewählten Asyl in der Botschaft sah Assange noch cool aus.

Unter all den jungen, mysteriösen Dichtern des US-Undergrounds, die in den Neunzigern ihre ersten Songs veröffentlichten, blieb Jason Molina der Rätselhafteste. 1973 in Lorain, Ohio geboren, begann er als Bassist in verschiedenen Metal-Bands, bevor er auf Will Oldhams Palace Records als Songs: Ohia eine erste Single veröffentlichte.

RIP

From Black Sheep Boys To Bill Collectors

Der "Doomsday Seed Vault" ist ein atombombensicherer Bunker in der Arktis, in dem Saatgut zum Schutz der Artenvielfalt gelagert ist.

A new camera developed at MIT can photograph a trillion frames per second.

Arche Noah der Kulturpflanzen.

Cara Delevingne
hates paparazzi,
wants to put
cheese on them

London's homeless youth are travelling on night buses to stay warm

EAT
DIE

Tom Cruise: I am not gay!

O.J.Simpson: I am not jew!

Princess Di: I am not fat!

Blah blah blah, shut the hell up, drive it! My skin almost exploded when I heard this car drive! I love this thing!!!! Jaguar X13! Holy hell listen to this thing!!!!!!!

Nachbarn glaubten an Halloween-Gag.
Entstellte Frauenleiche hängt am Zaun.

In visual art, horror vacui, also kenophobia, from Greek "fear of the empty", is the filling of the entire surface of a space or an artwork with detail.

Very inspiring Universal theme Park....thank you guys!

Boesner.ch - Künstlermaterial günstig

demente Zombies

DEBILE
ZOMBIES

Kann der allmächtige Gott einen Burrito so heiss machen, dass er ihn nicht mehr essen kann?

Je mehr Käse desto mehr Löcher. Je mehr Löcher desto weniger Käse. Ergo je mehr Käse desto weniger Käse.

Eine Katze landet immer auf ihren Füssen. Ein Butterbrot fällt immer auf die gebutterte Seite. Aber was passiert wenn wir einer Katze ein Butterbrot auf den Rücken binden?

Nett ist die kleine Schwester von Scheisse.

I just want to conquer people and their souls.

Lieber eine schöne Piazza, als ein hässliches Loch.

Schade, dass Sie sich abgemeldet haben. Sagen Sie uns, was wir besser machen können.

Your music is soo industrial goth.
I always listen to industrial goth!

Pope Rejects Lunch with Boehner, Pelosi, McConnell, Reid: He will be Dining with the Homeless.

Es gibt zwei Möglichkeiten für einen Künstler auf die erste Seite einer Zeitung zu gelangen: Mach einen Haufen Geld oder stirb. Oder töte jemanden, das würde auch helfen - passiert aber nicht sehr oft.

Funky work

KUNST IN BAUMARKT-
ATMOSPHÄRE -
ST.GALLER TAGBLATT ONLINE

LION Killer!

Thug Life Austria

Express yourself: Don't hold back!

Ich wäre am liebsten eine Banane.

...Facebook hat mein Konto blockiert mit der Begründung, ich sei nicht Aufdi Aufdermauer, hat es aber zugelassen, dass ich ein neues einrichte auf den Namen Aufdi Aufdermauer, also: Game over...

Intelligente, aussagekräftige Kommunikation für Marke und Produkt ist unsere Passion.

Brite lebte eine Woche wie eine Schweizer Ziege

Hier könnte man noch ein entsprechendes Smiley setzen, aber dafür sind wir eigentlich schon zu alt.

Der Tierschutzverein Rheintal ist alarmiert und warnt die Büsibesitzer: "In Widnau gibt es jemanden, der Katzen einsammelt."

Alle nach Berlin
Zu einem Termin in November !
hell iphone

Wo kann ich jetzt noch Ferien machen?

Herbstmode
Schweizer stürzen sich auf Daunenjacken

You will have a bright future.

Vom Büromöbel zur Designikone – 50 Jahre USM Haller Möbelsystem

A Buddhist Monk Shows "Unheard Of" Brain Activity During Meditation

Betrug ist Betrug
egal ob einem Auto
oder Millionen
Betrug bleibt Betrug.

Auf den Malediven hat der umstrittene Staatschef Abdulla Yameen eine Explosion auf einem Schnellboot überlebt. Seine Frau wurde leicht, ein Leibwächter schwer verletzt.

Der Mars gilt als kleiner Bruder der Erde

Sein Luxus-Leben im Knast!

Ding Dong Hello

George Pan Cosmatos
Rambo II

Picasso Baby

GTA On Real Life Maden By Russian Guys Makes You Laugh

I AM THE AMERICAN DREAM

Nach fünf Jahren Fremdenlegion: ausgespuckt wie ein Kaugummi.

OMG, they exist! - HR Giger

Noam Chomsky Says ronald reagan was an extreme racist that started a war against blacks that maybe more damaging than slavery.

AMERICA DRILL

Bongo Beats - Africa Unite

It's not art
unless
it has the
potential
to be a
disaster

BITTE BEACHTEN
1. ES SIND KINDER
2. ES IST EIN SPIEL
3. DIE TRAINER SIND FREIWILLIGE
4. DIE SCHIEDSRICHTER SIND MENSCHEN
5. WIR SIND NICHT BEI DER WM

DANKE!

Lieber Beni
Wie geht es an der Monsterfront?

I Am the Pizza Rat

Wenn du
glücklisch bist,
informiere dein
Gesicht.

Meine vierjährige Tochter hat mir heute eine Frage gestellt. Als ich etwas länger antwortete, sagte sie, das interessiere sie nicht. Ich gab zurück, dann hätte sie nicht fragen sollen, worauf sie meinte, sie könne nicht wissen, ob es sie interessiert, da sie die Antwort ja nicht gewusst habe. Muss sich ein Fragender nicht dennoch die Antwort anhören?

Was haltet ihr von Pete Doherty?
Cooler Typ!
Fertiger Freak!

Matt Damon says gay actors should stay in the closet: Sexuality is "one of the mysteries that you should be able to play".

2050 wird ein Computer
die Kapazität aller
menschlicher Gehirne
der Welt haben.

The moment Jay Z realized he was done with them niggas.

Unsubscribe Successful

A comedy of terrors.

Paul Thek
Artist's Artist

Kunst ist eine absolute Notwendigkeit.

I detest club culture as deeply as I detest anything on earth.

Wir Kleinbürger

Zu Gast bei Kannibalen, zuhause in einer Ruine.

cleaning as therapy

2 Hours of Meditation, Piano Music by Claude Debussy for Relaxation, Massage, Yoga and Spa

Perverted by Language

Autumn Leaves

A Cittipatti skull mask and costume from 19th-century Mongolia, part of "Remember That You Will Die: Death Across Cultures" at the Rubin Museum of Art in New York, 2010.

A Conspiracy Theory Says Avril Lavigne Is Dead And Has Been Replaced By A Doppelganger.

Lieber über Nacht versumpfen
als im Sumpf übernachten.

EARTH WATER
YOU NEVER DRINK ALONE

Martin Kippenberger:
I Had a Vision.

Yuppi Du
Bang Bang

Einer von Euch
unter Euch
mit Euch

Martin Kippenberger:
Schlecht belegte Studentenpizza gepollockt

The Raft of the Medusa

Wer diesen Katalog nicht gut findet
muss sofort zum Arzt

The person who
can't dance
says
the band
can't play

David has not responded to your last poke.

Verursacht wird die Pest von einem Bakterium namens Yersinia pestis.

Blickkontakte mit anderen Reisenden vermeiden.
Danke.

Dieses Superschwarz aus einem britischen Nanolabor ist fast so dunkel wie ein schwarzes Loch.

No water,
no life

Hungry for life.
Thirsty for Naya.

Evian.
Live young.

Detox with Evian.

Ice Swan glacial water from Chilean Patagonia
Ice Swan. The beauty of water.

Nestlé bietet Sicherheit.

Come alive! You're in the Pepsi generation.

Tropicana's got the taste that shows on your face.

Monsanto.
Growth for
a Better World.

Monsanto's New Slogan:
Our Corn Won't Give You Cancer!

Poland Spring = Stolen Spring

NESTLE, STOP STEALING OUR WATER!

At its founding, the Illuminati embraced 25 principle goals and ideals:

1. All men are more easily inclined towards evil than good.
2. Preach Liberalism
3. Use the idea of freedom to bring about 'class wars'
4. Any and all means should be used to reach the Illuminati Goals as they are justified.
5. The right to lie in force.
6. The power of our resources must remain invisible until the very moment it has gained the strength that no cunning or force can undermine it.
7. Avocation of mob psychology to control the masses.
8. Use alcohol, drugs, corruption and all forms of vice to systematically corrupt the youth of the nation.
9. Seize property by any means
10. Use of slogans such as equity, liberty, fraternity delivered into the mouths of the masses in psychological warfare

11. War should be directed so that the nations on both sides are placed further in debt and peace conferences conducted so that neither combatant obtains territory rights.
12. Members must use their wealth to have candidates chosen and placed in public office who will be obedient to their demands and will be used as pawns in the game by those behind the scenes. Their advisors will have been reared and trained from childhood to rule the affairs of the world.
13. Control the press.
14. Agents will come forward after fermenting traumatic situations and appear to be the saviors of the masses.
15. Create industrial depression and financial panic, unemployment, hunger, shortage of food and use this to control the masses or mob and then use the mob to wipe out all those who stand in the way.
16. Infiltrate into the secret Freemasons to use them for Illuminati purposes.
17. Expound the value of systematic deception, use high sounding slogans and phrases and advocate lavish promises to the masses even though they cannot be kept.
18. Detail plans for resolutions, discuss the art of 'street fighting' which is necessary to bring the population into speedy subjection.
19. Use agents as advisors behind the scenes after wars and use secret diplomacy to gain control.
20. Establish huge monopolies that lean toward world government control.
21. Use high taxes and unfair competition to bring about economic ruin by control of raw materials. Organize agitation among the workers and subsidize their competitors.

22. Build up armaments with Police forces and Soldiers sufficient to protect our needs.
23. Members and leaders of the one world government would be appointed by the directors.
24. Infiltrate into all classes and levels of society and government for the purpose of fooling, bemusing and corrupting the youthful members of society by teaching them theories and principles that we know to be false.
25. National and International laws should be used to destroy civilization and enslave and control the people.

Litti, Wutti, Klinsi – Bumm, bumm, bumm!

Nestlé schenkt der Mutter Zeit und dem
Baby Sicherheit.

Oh dear how sad, no fun day out here RIP.

Cock-a-hoop: 43-year-old virgin gets bionic manhood.

Bin vielleicht ein Kunstbanause aber mir gefällt die
Frau davor besser als das Bild dahinter…

Mit Nestlé wachsen und gedeihen.

Nestlé.
Good food.
Good life.

NO DRAWING
NO CRY

While you were too busy focusing on Kylie Jenner turning 18, Malala turned 18 as well and opened a school.

TECHNOLOGY
WILL
SAVE
US

Someone Dropped A Shovel And It Sounded Axactly Like 'Smells Like Teen Spirit'

The plane does not fit in that hole.

Mom, I am an artist now.

I AM NOT
A MORNING PERSON.

Mexico Builds Border Wall To Keep Out
U.S. Assholes.

Wenn dies Kunst sein soll heisse ich fortan Picasso. Ich vermute das der Steuerzahler hier auch noch einen Batzen investiert hat. Oder täusche ich mich?

Festplatten sind nunmal keine Deodorants.

This kind ob bullshit? makes this white woman living in the suburbs say, "fuck the motherfucking police."

Totally
Unchecked

Bungalow
Germania

Sent from my iPhonski

Save a tree. Don't print this email until it's really necessary!

Ein dreifaches "Hoch" auf alle Whistleblower und all die anderen Robin Hoods unserer Zeit.
Ich danke Euch auf meinen virtuellen Knien.

Psychobuildings

Männer brauchen etwas, das sie manipulieren können und mit dem sie ihr eigenes Ich erweitern: ein Gerät wie das Auto, das Skateboard oder auch ihre Gitarre. Mit diesem extended Self gehen sie in die Welt hinein, erobern sich einen Raum und werden grösser, als sie eigentlich sind. Solche Selbsterweiterungen sind für Männer sehr erhebend. In einem metaphorischen Sinne könnte man dabei tatsächlich von Potenz sprechen.

wir müssen aufhören,
weniger zu trinken

YOU DON'T TELL ME WHAT KIND OF PIZZA TO LIKE.

(screaming internally)

First law of holes: When you're in one Stop digging!

Maniacal Laughter

Peter Piper picked apeck of pickled peppers.
Did Peter Piper pick a peck of pickled peppers?
If Peter Piper Picked a peck of pickled peppers,
Where's the peck of pickled peppers Peter Piper picked?

She sells seashells by the seashore.
The shells she sells are surely seashells.
So if she sells shells on the seashore,
I'm sure she sells seashore shells.

Red lorry, yellow lorry.

King Diamond
"The Dark Sides"

George Condo Kanye West

Da dein Zimmer so gerockt hat, hier noch ein paar Schlüsselgruppen meiner akkustischen Sozialisation:

Blondie, Ramones, Damned, Buzzcocks, Iggy+Stooges, Jimi Hendrix, Dickies, Ruts, Bad Brains, Wipers, Devo, Rezillos, Nirvana, Radiohead, Elliott Smith, Chris+Trixie Whitely, Wilco, Eels, Ween, Yeah Yeah Yeahs usw…

Oh Gott, ich liebe Kaffee!

When you paint you have a fantastic time, you meet lots of girls'

Pervers ist es erst dann, wenn man niemanden mehr findet, der mitmacht.

sun rises
sun sets
repeat

I Would Die for You

Ich bin doch nicht blöd.

Don't post anything you wouldn't want hanging in an art gallery.

Die Liebe Ist wie ein Lied. Wenn man es stoppt, hört es auf.

Bitte die Zeichen aus dem Bild eingeben: Das stellt sicher, dass dieses E-Mail-Konto von einem Menschen angelegt wird.

The Funny Planet

In Love With Banality

Für diese Filme liessen Stuntmen ihr Leben.

Never cancel dinner plans by text message.

If a street performer makes you stop walking, you owe him a buck.

I don't need Google
my wife knows everything.

Ein Spiegelneuron (Plural: Spiegelneurone oder Spiegelneuronen) ist eine Nervenzelle, die im Gehirn von Primaten beim Betrachten eines Vorgangs das gleiche Aktivitätsmuster zeigt wie bei dessen eigener Ausführung. Auch Geräusche, die durch früheres Lernen mit einer bestimmten Handlung verknüpft werden, verursachen bei einem Spiegelneuron dasselbe Aktivitätsmuster wie eine entsprechende tatsächliche Handlung.

Tom Hanks' App verwandelt das iPad in eine klassische Schreibmaschine.

Es gibt nichts, was nicht schöner geredet werden kann als es ist.

Choose the best for Laser Magazin

Wichtig zu wissen.
Gut, böse, blind.

Tiere aus Ballonen,
kann ja jeder.
Falsch!

Artists have structurally different brains compared with non-artists, a study has found.

'Mess-aesthetics' and Absurdist Life Collages in Beni Bischof's 'Psychobuch'

In Bischof's studio, like Bacon's studio, all the madness and absurdity of creation under the duress of a culminating mess.

So verrückt kann Evolution sein.

Ghost Rider Schweiz
von Cyber Styler

Shark Attack Theme
The Life Aquatic OST
Sven Libaek

Search and Destory

Ich schreibe nur, weil ich noch nicht genau weiss, was ich von dem halten soll, was mich so sehr beschäftigt. So dass das Buch ebenso mich verändert wie das, was ich denke. Ich schreibe, um nicht mehr dasselbe zu denken wie zuvor.

Denen Dänen, denen Dänen Dänen dehnen, dehnen deren Dänen.

The swoosh, sometimes referred to as the Nike tick, is the logo of the athletic shoe and clothing manutacturer Nike.

Ankunft in der Weitwohnstadt Basilea. Sehr viele Artlöcher. Und noch kein (Anti-)Urs-Fischer-Graffiti gesichtet.

Selfie Stange, JETech® Batterielos Selfie Stange Stick Stab Monopod Erweiterbare Drahtlose Kabelsteuerung (Nein Batterie Nein Bluetooth" mit Halterung Halter für Apple iPhone 6/6 Plus/5/4, iPod, Samsung Galaxy S6/S5/S4/S3, Note 4/3/2 und die meisten anderen Smartphones.

Wie Sie in der eigenen Wohnung Geld verdienen!

Only in the darkness can you see the stars.

Lovers, 1988

Dont be afraid of the clocks, they are our time, time has been so generous to us. We imprinted time with the sweet taste of victory. We conquered fate by meeting at a certain TIME in a certain space. We are a product of the time, therefore we give back credit were it is due: time.
We are synchronized, now and forever.
I love you.

It Is 100% Legal To Film The Police

Almhütte Partyzelt, 6 × 3 Meter

Mich interessieren vorweg die Netto-Toten, d.h. die Unschuldigen, die bei Anschlägen das Leben verlieren. Islamisten müssten in einer eigenen Kategorie abgerechnet werden.

23 Emotions people feel, but can't explain

1. Sonder: The realization that each passerby has a life as vivid and complex as your own.
2. Opia: The ambiguous intensity of Looking someone in the eye, which can feel simultaneously invasive and vulnerable.
3. Monachopsis: The subtle but persistent feeling of being out of place.
4. Énouement: The bittersweetness of having arrived in the future, seeing how things turn out, but not being able to tell your past self.
5. Vellichor: The strange wistfulness of used bookshops.
6. Rubatosis: The unsettling awareness of your own heartbeat.
7. Kenopsia: The eerie, forlorn atmosphere of a place that is usually bustling with people but is now abandoned and quiet.
8. Mauerbauertraurigkeit: The inexplicable urge to push people away, even close friends who you really like.
9. Jouska: A hypothetical conversation that you compulsively play out in your head.
10. Chrysalism: The amniotic tranquility of being indoors during a thunderstorm.

11. Vemödalen: The frustration of photographic something amazing when thousands of identical photos already exist.
12. Anecdoche: A conversation in which everyone is talking, but nobody is listening
13. Ellipsism: A sadness that you'll never be able to know how history will turn out.
14. Kuebiko: A state of exhaustion inspired by acts of senseless violence.
15. Lachesism: The desire to be struck by disaster – to survive a plane crash, or to lose everything in a fire.
16. Exulansis: The tendency to give up trying to talk about an experience because people are unable to relate to it.
17. Adronitis: Frustration with how long it takes to get to know someone.
18. Rückkehrunruhe: The feeling of returning home after an immersive trip only to find it fading rapidly from your awareness.
19. Nodus Tollens: The realization that the plot of your life doesn't make sense to you anymore.
20. Onism: The frustration of being stuck in just one body, that inhabits only one place at a time.
21. Liberosis: The desire to care less about things.
22. Altschmerz: Weariness with the same old issues that you've always had – the same boring flaws and anxieties that you've been gnawing on for years.
23. Occhiolism: The awareness of the smallness of your perspective.

I want to play this game!

I believe in all my magic friends.

Ich kann beim besten Willen kein
Hakenkreuz entdecken.

Richard Prince / Richard Prints

Rear Window

Well, this is embarrassing.

A gentleman is simply a patient wolf.

That's all, folks!

Arnold Schwarzenegger changed his profile picture.

Man killed by giant tiger statue.

Supergeiles, stressfreies Nebeneinkommen!

Spielt doch alles keine Rolle mehr. Es geht eh alles den Bach ab. Die Frage ist nur, wie lange ist der Bach.

A good morning after a sleep-through night?
Quaalude-300

155 !!!!!!!! Minuten gewartet!
Nach 2 Anrufen
mit Lachen vertröstet.

Überleben ums Verrecken
ISBN 3-89020-219-4

Godzilla's size is inconsistent, changing from film to film and even from scene to scene for the sake of artistic license. The miniature sets and costumes are typically built at a 1/25 - 1/50 scale and filmed at 240 frames per second, to create the illusion of great size. In the original 1954 film, Godzilla was scaled to be 50 meters tall (164 feet). This was done so Godzilla could just peer over the largest buildings in Tokyo at the time. In the 1956 American version, Godzilla is estimated to be over 400 feet tall (122 meters), because producer Joseph E. Levine felt that 50 meters didn't sound "powerful enough". As the series progressed Toho would rescale the character, eventually making Godzilla as tall as 100 meters (328 feet). This was so that it wouldn't be dwarfed by the newer bigger buildings in Tokyo's skyline such as the 242 meter (797 foot) tall Tokyo Metropolitan Government Building which Godzilla destroyed in the film Godzilla vs. King Ghidorah (1991). Supplementary information such as character profiles would also depict Godzilla as weighing between 20,000 metric tons (22,046 short tons) and 60,000 metric tons (66,138 short tons). In the Legendary American film Godzilla (2014). Godzilla was scaled to be 355 feet tall (108 meters), and weighing 90,000 metric tons (99,208 short tons), making him the largest film incarnation of the character. Director Gareth Edwards wanted Godzilla "to be so big as to be seen from anywhere in the city, but not too big that he couldn't be obscured". The producers of the upcoming Toho Godzilla film plan to make this version of the character taller than Legendary's 2014 version.

My bad - If a teen has made a mistake, the phrase "my bad" is frequently employed as a cover. It means what it appears to mean: "I was bad!"

Tope - If something is "tope," it's cool to the teenage contingent. So what's a tope? It's a combination of "tight" and "dope," both words meaning something that's beyond cool.

Bro-tox - Men getting botox

Awesomity -
The highest state of awesome

Gansta - A “gangsta” is a type of black rap music that’s extremely popular with teens of all races, and the gangsta is someone is who is both tough and cool at the same time.

Swag money
Definition: Sort of like “swerve,” “swag money” is an emphatic phrase that can be used at either end of a sentence. It is used to convey “rich greatness” because, duh, as if teens would ever be caught saying something is just great.
Used in a sentence: “Oh swag money, we got front-row seats to the One Direction concert!”

Ich liebe dir und
ohne du kann ich nicht bin.

I thought I'd begin by reading a poem by Shakespeare, but then I thought, why should I? He never reads any of mine.

The New England Journal of Medicine reports that 9 out of 10 doctors agree that 1 out of 10 doctors is an idiot.

The quickest way to a man's heart is through his chest.

I went to a restaurant that serves breakfast at any time. So I ordered 'French Toast during the Renaissance.

Inspired by the Strength and Bravery of a Bull Taming Matador.

Roller Coaster Capital of the World.

The Church of the Flying Spaghetti Monster, after having existed in secrecy for hundreds of years, came into the mainstream just a few years ago*.
With millions, if not thousands, of devout worshipers,

the Church of the FSM is widely considered a legitimate religion, even by its opponents – mostly fundamentalist Christians, who have accepted that our God has larger balls than theirs.

Some claim that the church is purely a thought experiment or satire, illustrating that Intelligent Design is not science, just a pseudoscience manufactured by Christians to push Creationism into public schools. These people are mistaken — The Church of FSM is legit, and backed by hard science. Anything that comes across as humor or satire is purely coincidental.

Das Fliegende Spaghettimonster (englisch Flying Spaghetti Monster, kurz: FSM) ist die Gottheit einer im Juni 2005 vom US-amerikanischen Physiker Bobby Henderson begründeten Religionsparodie. Ihre Glaubenslehre persifliert die kreationistische Pseudowissenschaft Intelligent Design, die auf Betreiben der Intelligent-Design-Bewegung gleichberechtigt neben der Evolutionstheorie im Biologieunterricht mehrerer US-amerikanischer Schulbezirke gelehrt werden soll.

Die parodistische Religion trägt im Englischen den Namen Flying Spaghetti Monsterism. Ausserdem ist die Bezeichnung Pastafarianismus (ein Kofferwort aus Pasta und der Rastafari-Bewegung) verbreitet, ihre Mitglieder bezeichnen sich selbst als Pastafari.

Der Name des fliegenden Spaghettimonsters rührt von seiner Ähnlichkeit mit einer grossen Portion Spaghetti mit Fleischbällchen (Spaghetti with meatballs) und Stielaugen her. Statt von der „Hand Gottes" sprechen Pastafaris von His Noodly Appendage („Seinem Nudeligen Anhängsel").

Face Gravity,
Face First.

The 103 Greatest Quotes From 'Ghostbusters'

All I want for Christmas is my two front teeth

I am proud to be known to the world as the founder of the Illuminati.

Ich weiss,
ich bin faul –
aber ich liege dazu!

Jemand nannte mich
heute faul. Ich hätte ihm
fast noch geantwortet.

Lieber ein Frosch im Hals als gar kein Frühstück!

mogst a Deetschn
mogst a Watschn
willst du Schläge

Fast 1:30 Stunde auf die Pizza gewartet, der Lieferant hat nicht mal gegrüsst! Unverschämtheit!! Wie als hätte ich mit der Wand gesprochen.

Meine Pflanzen sind nicht tot, sie wachsen nur knusprig!

Ich wär' gern mal abends so müde wie morgens!

Söttisch schaffä aber hesch kei Pfupf,
de nisch am bestä ä Apricot Schnupf.
Priiis

Miär sind fit miär sind zwäg,
so schnupfed miär uf jedem Wäg

Mofa fahrä da isch s'Bescht,
und dä Schnupf git üs dä Rescht.
Priis!

Allein!
Die Welt hat mich vergessen
Ich hänge rum!
Hab's bei allen verschissen
Ich sitz' zu Hause!
Keine Lust zu gar nichts
Ich fühl' mich alt!
Im Sumpf wie meine Omi:
Ich schalt' die Glotze an

Happiness, Flutsch Flutsch, Fun Fun
Ich glotz' von Ost nach West, 2, 5, 4
Ich kann mich gar nicht entscheiden,
Ist alles so schön bunt hier!
Ich glotz' TV (Sie glotzt TV)
Ich glotz' TV (Sie glotzt TV)
Wau!

Ich bin so tot!
War das nun schon mein Leben
Meine schöne Phantasie!
Meine Schaltstellen sind hinüber

Ich schalt' die Glotze an
Happiness, Flutsch Flutsch, Fun Fun
Ich glotz' von Ost nach West 2, 5, 4
Ich kann mich gar nicht entscheiden,
Ist alles so schön bunt hier!
Ich glotz' TV (Sie glotzt TV)
Ich glotz' TV (Sie glotzt TV)

Was is nur los in diesem Land
Huuuhhhh
Alle gehen arbeiten, nur ich nicht
Was is nur los in diesem Land
Huuuhhhh
Alle gehen arbeiten, nur ich nicht
Was is nur los in diesem Land, bei uns Zuhause wohnt ein rosa Elefant
Was is nur los in diesem Land
Huuuhhhh
Alle gehen arbeiten, nur ich nicht.

Hallo, Mutter nix da, Vater nix da, ich nur sauber machen, sprechen auf Band nach Pfeifton!

Schwiegermutter, wie lange bleibst du?
Bis ich euch auf die Nerven falle.
Was, nur so kurz.

My love has made me selfish. I cannot exist without you - I am forgetful of every thing but seeing you again.

Checking your browser before accessing kkk.com.

America, Out Nation is Under Judgement from God!

Millionäre stehen früh auf und reden nicht viel.

Why do curators talk like that?

Remind yourself that you don't have to do what everyone else is doing.

Falls Ihnen der Absender persönlich bekannt ist, sollten Sie sich mit ihm in Verbindung setzen und ihn darauf hinweisen, dass sein PC wahrscheinlich von einem Virus befallen ist.

Ohne Fleiss kein Reis

China schickt Protz-Teenies ins Straflager

Macaulay Culkin Eating a Slice of Pizza

Prozac

You can not be serious.

Not pictured:
The Ass of Koons.

SHOCKING YETI ENCOUNTER CAUGHT ON TAPE

Trevi Fountain.
Built after
Bernini's death.

Mexican American Machismo in the Vietnam War

Kokain lässt Frauenhirne schrumpfen.

10 Best Jobs for Adults with ADHD.

Konntest Du mit meiner letzten Mail was anfangen
oder ist noch was unklar?
Wenn noch was offen ist: Ich bin immer für
Dich da – wie in einem kitschigen Liebeslied.

Die drei Pflichtverteidiger im NSU-Prozess, Sturm,
Stahl und Heer.

Great Concrete Finish Work!

Art des Bettes: Richtiges Bett
Art der Unterkunft: Höhle
Unterkunft für: 2

Cappuccino und Croissant zum Frühstück
Entscheidet euch für eines von beiden. Bei Fruchtsäften dasselbe. Fruchtsäfte sind tolle Snacks zwischen Mahlzeiten. Funktioniert aber nur, wenn der Fruchtsaft den Snack ersetzt, nicht ergänzt.

Sich in Restaurants am Brotkorb vergreifen.
Man darf gerne wiedermal ein Stück Brot nehmen - wenn die Diät erfolgreich beendet ist.

Bei diesen ganzen geilen Sonnenuntergängen, die bei den Kollegen von der AZ gepostet werden, wird einem ganz blümerant.

Entschädigung
50 Cent zahlt zwei Millionen Dollar drauf.

Ich so:
Och bitte!
Mein Leben so:
Nö!

Während des Videodrehs mit einem Model passiert etwas Unerwartetes: Eine Gruppe von Einwanderern springt von einem Boot und stürmt ans Land.

Virtuelle Ferien
Schicken Sie uns Ihre Game-Feriengrüsse

Push push push!

Digitale
Demenz

Der Charakter muss performen

Liam Neeson ist unheilbar alt

HERE IS THE ASSHOLE
THAT KILLED CECIL!!!!
THE BASTARD IS FROM THE USA.
We shoud all let him know what we think of him…

Trophy hunters are the scum of the Earth.

Anti-Depressions-Video

Baia do Sancho, Brasilien
Grace Bay, Providenciales
Spiaggia dei Conigli, Italien
Playa Paraiso, Kuba
Playa de ses Illetes, Formentera
Anse Lazio, Seychellen
White Beach, Philippinen
Playa Flamenco, Puerto Rico
Whitehaven Beach, Australien

Strand von Elafonisi, Kreta

Two American college students are on a walking tour of Britain and are attacked by a werewolf. One is killed, the other is mauled. The werewolf is killed but reverts to its human form, and the local townspeople are unwilling to acknowledge its existence. The surviving student begins to have nightmares of hunting on four feet at first but then finds that his friend and other recent victims appear to him, demanding that he commit suicide to release them from their curse, being trapped between worlds because of their unnatural deaths.

Eraserhead is a 1977 American surrealist body horror film written and directed by filmmaker David Lynch. Shot in black-and-white, Eraserhead is Lynch's first feature-length film, coming after several short works. The film was produced with the assistance of the American

Film Institute (AFI) during the director's time studying there. Starring Jack Nance, Charlotte Stewart, Jeanne Bates, Judith Anna Roberts, Laurel Near, and Jack Fisk, it tells the story of Henry Spencer (Nance), who is left to care for his grossly deformed child in a desolate industrial landscape. Throughout the film, Spencer experiences dreams or hallucinations, featuring his child and the Lady in the Radiator (Near).

Eraserhead spent several years in principal photography because of the difficulty of funding the film; donations from Fisk and his wife Sissy Spacek kept production afloat. The film was shot on several locations owned by the AFI in California, including Greystone Mansion and a set of disused stables in which Lynch lived. Lynch and sound designer Alan Splet spent a year working on the film's audio after their studio was soundproofed. Eraserhead' s soundtrack features organ music by Fats Waller and includes the song "In Heaven", penned for the film by Peter Ivers.

Initially opening to small audiences and little interest, Eraserhead gained popularity over several long runs as a midnight movie. Since its release, the film has earned positive reviews. The surrealist imagery and sexual undercurrents have been seen as key thematic elements, and the intricate sound design as its technical highlight. Thematic analysis of the film has also highlighted these issues and has elaborated on Spencer's fatalism and inactivity. In 2004, the film was preserved in the National Film Registry by the United States Library of Congress as being "culturally, historically, or aesthetically significant".

BYPASS FAMOUS CLUB GENEVA

David: I'm a werewolf.
Alex: Are you alright?
David: I don't know, I'll let you know the next full moon.

O! say can you see
by the dawn's early light,
What so proudly we hailed
at the twilight's last gleaming,
Whose broad stripes and bright stars
through the perilous fight,
O'er the ramparts we watched,
were so gallantly streaming?
And the rockets' red glare,
the bombs bursting in air,
Gave proof through the night
that our flag was still there;
O! say does that star-spangled
banner yet wave,
O'er the land of the free
and the home of the brave?

God save our gracious Queen,
Long live our noble Queen,
God save the Queen!
Send her victorious,

you're not deep
you're not an intellectual
you're not an artist
you're not a critic
you're not a poet
you just have internet access

NOT YOUR ERNST.

Happy and glorious,
Long to reign over us;
God save the Queen!

parallax second

Methylphenidat
Weizenstärke
Tricalciumphosphat
Talkum
Magnesiumstearat
Lactose

Liebe Juliette,

Seitdem ich deinen Beitrag gestern Abend gelesen habe, überlege ich mir welche Art von Witze man über ADHS machen kann.

Könntest du mir vielleicht ein Beispiel geben, damit ich es besser verstehen kann?

Lieben Gruss
Lucy

Geht ein Mann zum Psychiater und sagt: "Herr Doktor, ich bin immer so depressiv und einsam. Ich habe keine Freunde und keiner will mit mir zu tun haben. Und ausserdem lachen alle über mich. Können Sie mir vielleicht wegen meiner Hässlichkeit helfen?" Natürlich kann ich Ihnen helfen," antwortete der Psychiater, "gehen Sie nur hinüber auf die Couch und legen Sie sich bitte mit dem Gesicht zur Wand hin."

"Herr Doktor, ich leide an Gedächtnisschwund!"
„Seit wann haben Sie denn das?"
„Was denn?"

Attention Deficit Disorder

I just need to make it to 34 and I've beaten Jesus at living.

In your thirties your friends just disappear. I don't mean they die. They all move to Birmingham, which is worse.

If we were truly created by God, why do we occasionally bite the insides of our mouths?

MIR IST
ALLES
EGAL
ICH WILL NUR
BRÖTCHEN HOLEN.

503 – Dokument zur Zeit nicht verfügbar.

Whoever said nothing is impossible obviously hasn't tried nailing jelly to a tree.

It's Not me, It's You

Die Zehn Gebote für erfolgreiches Bodybuilding

1. Kurz und Hart:

Eine Trainingseinheit sollte nicht länger als 60 Minuten dauern. Das ist aber immer von dem jeweiligen Trainingssystem abhängig. Der ideale Zeitrahmen liegt zwischen 30-45 Minuten.

2. Nutzen Sie geringes Volumen:

Muskeln wachsen in der Ruhephase. Das bedeutet für Sie, das Sie auf ausgewogene und dem Training angepasste Regenerationsphasen achten müssen. Nur dann werden Sie erfolgreich Muskeln aufbauen.

3. Schwere Gewichte und Grundübungen

Gerade wenn Sie in der Muskelaufbauphase stecken kommen Sie um die Grundübungen mir schweren Gewichten nicht drumherum. Isolationsübungen sind in dieser Phase eher Nebensache und sollten wenn dann hauptsächlich von Fortgeschrittenen Bodybuildern verwendet werden. Legen Sie also Ihr Augenmerk auf schwere Grundübungen und erst in zweiter Linie verwenden Sie vereinzelt Isolationsübungen.

4. Langsam und technisch perfekte Ausführung:

Es ist absolut notwendig mit einer sauberen Technik zu trainieren, um einen 100%igen Wachstumsreiz zu setzten und gute Ergebnisse zu erzielen. Es sollte für Sie völlig unwichtig sein wie viele Wiederholungen Sie irgendwie schaffen, sondern äusserst wichtig wie viele Wiederholungen Sie mit einer sauberen Technik absolvieren.

5. optimaler Wiederholungsberreich:
- Muskelaufbau: 8 bis 12 Wiederholungen
- Maximalkraft: 6 bis 10 Wiederholungen
- Kraftausdauer: 10 bis 15 Wiederholungen

Diese Wiederholungszahlen dienen als Richtwert und können selbstverständlich ja nach Trainingsmethode variieren. Sie sollen verdeutlichen, in welchem Wiederholungsbereich Sie sich bewegen sollten um das jeweilige Ziel zu erreichen.

6. Effektive Intensitätstechniken

Nutzen Sie Intensitätstechniken um Ihren Trainingserfolg zu steigern und das letzte aus Ihrem Training rauszuholen. Intensitätstechniken sind Methoden um die Leistungsgrenzen der Zielmuskulatur zu durchbrechen. In einem anderen Artikel habe ich bereits einige Intensitätstechniken vorgestellt und werde auch in Zukunft über diese und weitere Methoden schreiben.

7. Aufwärmen

Es ist notwendig das Sie sich ausreichend vor einer Trainingseinheit aufwärmen. Dazu genügen 10-20 Minuten Cardiotraining. Dadurch bringen Sie Ihren Kreislauf auf Touren und bereiten Ihn auf das kommende Training vor. Im nächsten Schritt kann ich Ihnen nur empfehlen vor jeder schweren Übung einen Aufwärmsatz zu absolvieren. Dafür genügt es den Aufwärmsatz mit 40-50% des eigentlichen Trainingsgewichts und mit mindestens 20 Wiederholungen durchzuführen.

8. Abwärme

Auch das Abwärmen nach einer anstrengenden Trainingseinheit ist empfehlenswert. Durch das Abwärmen leiten Sie die Regenerationsphase ein und unterstützen den Lacktatabbau. Verwechseln Sie nicht das Abwärmen mit dem Aufwärmen. Abwärmen sollte nicht mit Anstrengungen verbunden sein. Am besten eignen sich leichte Dehnübungen oder ein moderates Jogging.

9. Regeneration

Die Regenerationsphase ist genauso wichtig, wie das eigentliche Muskeltraining. In der Regenerationsphase werden die Muskeln aufgebaut – deshalb sollten Sie auf Ihren Körper hören und es vermeiden die Regeneration durch zu frühes Training zu unterbrechen. Im Training sorgen Sie für den so notwendigen Wachstumsreiz und in der Regenerationsphase antwortet der Körper mit Muskelwachstum. Die Regenerationszeit zwischen den intensiven Trainingseinheiten sollte mindestens 2-3 Tage betragen.

10. Abwechslung

Sorgen Sie für ausreichend Abwechslung im Training, nur so werden Sie dauerhaft Muskelmasse aufbauen. Die Muskulatur gewöhnt sich schnell an gleiche wiederkehrende Belastungen, deshalb sollten Sie regelmässig Ihre einzelnen Übungen pro Muskelgruppe ändern und wechseln. Dadurch wird die Trainierte Muskulatur nicht die Möglichkeit erhalten sich an ständig wiederkehrende Übungen zu gewöhnen.

EAT BIG,
LIFT BIG,
GET BIG!

No pain,
no gain!

Life´s too short to be small
I'm not on steroids,
but thanks for asking…

When my body 'shouts' STOP,
my mind 'screams' NEVER .

Das Feuer aus der Mündung kann fehlen. Wenn es aber auftritt, erscheint es unmittelbar nach der Mündung. Auslöser hierfür sind unvollständig verbrannte Teile des Treibsatzes.

Das eigentliche Mündungsfeuer wird als sekundäre Erscheinung aufgefasst. In einiger Entfernung von der Mündung reagieren unvollständig oxidierte Pulvergase mit dem Sauerstoff der Luft.

Canadian Jackpot
winner dies after
gold plating his testicles

Liebe Karlamey
Dein Schreiben interessiert mich. Versuche zu unterscheiden ob es niedere (Energiezieher) oder höhere Wesen (die kommen im Auftrag der Liebe zu dir) sind! Sind es die niederen oder sogar Ausserirdische, schütze dich vor dem Schlafen dringendst!!! Bilde mit Daumen und Zeigefinger ein Dreieck (beide Hände zusammen, Daumen zu Daumen Zeigefinger zu Zeigefinger.) Spitze nach oben, setze dieses Symbol auf dein 3. tes Auge, zwischen den Augernbrauen. Dann präge die Schutzzahlen 999 in das Dreieck. Stärkster Code zum Schutze von Ausserirdischen. So und bete das Vater unser in aller tiefe (auswendig Lernen) auch vor dem Einschlafen. Sei beharrlich für eine längere Zeit damit, bis du eine grosse Kraft in dir verspürst. Ich drücke dir fest die Daumen. Glaube an deine Seelenkraft, halte durch.
Sende dir ganz viel Licht und Liebe.

1979, 18. Januar. Earl of Kimberley, Luftfahrt-Experte der Liberalen sagt in einer Rede im britischen Oberhaus 'Zehn Regierungen haben nun öffentlich zugegeben, dass UFOs existieren und real sind - Frankreich, Norwegen, Schweden, Brasilien, Argentinien, Venezuela, Mexiko, Philippinen, Peru, Grenada. Andere Regierungen wissen, dass UFOs existieren, geben dies aber nicht öffentlich zu.' 'Es gibt Berichte darüber, dass die USA und UdSSR 1971 einen Vertrag unterschrieben, UFO-Informationen auszutauschen, aber den Rest der Welt im Dunkeln zu lassen. Ich glaube, der Vertrag wurde unterschrieben, damit keine der Grossmächte den Fehler macht, UFOs für Atomraketen zu halten.'

1969, 20. Juli, als Armstrong / Aldrin auf dem Mond gelandet waren, beobachteten sie scheibenförmige Objekte auf der anderen Seite des Kraters. Auf Anweisung des Kontrollzentrums in Houston sollten sie für UFOs den Codenamen 'Santa Claus' verwenden, aber Armstrong war so schockiert, dass er ohne den Code zu benutzen rief 'Verdammt, Sie sind schon da! - vor uns auf der anderen Seite des Kraters schweben Raum-Schiffe kosmischen Ursprungs und beobachten uns.'

1952, 18. Juli. George von Tassel empfängt eine telepathische Durchsage des 'Raumflotten-Kommandanten ASHTAR' mit einer klaren Warnung vor der Fortsetzung der Atombomben-Versuche und dem Einsatz der Wasserstoff-Bombe. Er erhält den Auftrag, diese Botschaft dem US-Präsidenten Harry S. TRUMAN zukommen zu lassen.

1952, 19. Juli. In der Nacht von Samstag auf Sonntag gegen 23.40 Uhr erscheinen wie zum Beweis UFOs in Massen über der Hauptstadt Washington. Als die Mehrzahl der Bürger aufwacht, sind die UFOs zwar bereits verschwunden, dennoch breitet sich eine gewisse Hysterie aus, als die 'Geister-Demonstration über Washington D.C.' landesweit Schlagzeilen macht.

Unbekannte rauchten am Freitag im Beichtstuhl der katholischen Kirche in Andwil SG. Sie liessen Kerzen brennen und hängten einen Sack mit Urin auf der Kanzel auf.

Auch Gebildete können Arschlöcher sein btw

1976. Der Farmer J. Carmen GARCIA aus Valle de Santiago/Mexiko erhält auf einem Fetzen Papier eine Formel von einem Ausserirdischen, der sagt, er stamme aus einer unterirdischen Basis in Mexiko. Mit Hilfe der Formel kann er riesiges Gemüse züchten, Kohlköpfe von 14 Kilo, Zwiebeln von 4 Kilo, Grünkohl, gross wie Palmbätter. Das Landwirtschafts-Ministerium beauftragt eine 20köpfige Untersuchungs-Kommission, die einen Pflanz-Versuch auf dem Tangasneque Versuchs-Gelände bei Tempico vorschlägt.

1978, 12. Dezember. Adele Holzer (43) fährt die 15 km von Neuötting nach Burghausen zur Arbeit, sieht ein UFO, hält auf einem Parkplatz an, um es zu beobachten. Die weissglitzernde Scheibe fliegt mit rasendem Tempo auf sie zu, bleibt 70 m über den Baum-Kronen stehen. Sie wird von einem hellen grünen Strahl erfasst, verspürt eine leichte Lähmung am ganzen Körper und hat das Gefühl eines telepathischen Kontaktes. Sie hört keine Worte spürt aber intensiv die telepathische Botschaft:

'Hab keine Angst, wir sind in friedlicher Absicht hier, um euch zu beobachten, vor Unglück zu bewahren und um zu verhindern, dass die Menschen die Erde zerstören. Wir kommen aus einem Binär-System (System mit zwei Sonnen) und überbrücken die Entfernungen durch interdimensionale Raumfahrt. Wir treten mit den Menschen in Kontakt, da wir gemeinsame Vorfahren haben durch den Planeten PHAETON, den einstmals 5. Planeten dieses Sonnen-Systems, den seine Bewohner in einer Ketten-Reaktion von Atom-Explosionen zerstörten. Die Überlebenden sind zuerst auf den Mars geflüchtet, dann auf die Erde und andere Planeten. Wir haben eure Wissenschaftler kontaktet und einige von uns leben unerkannt unter den Menschen. Wir haben Dich kontaktet, weil Du in einer vorherigen Inkarnation auf PHAETON gelebt hast.'

Nach diesem Erlebnis ist der Zünd-Schlüssel von Frau Holzer als bleibende Einnerung verbogen, sie hat Mühe ihn in das Zünd-Schloss zu bekommen.

1959, 24. April. Helio AGUIAR (32) fährt mit dem Motorrad auf der Küsten-Strasse nach ITAPON. Auf der Höhe des Strandes von PIATA fängt der Motor des Motorrades an zu stottern. Helio sieht eine silber-graue Scheibe aus dem Atlantik auftauchen, auf ihn zukommen. Der Motor des Motorrades fällt ganz aus. AGUIAR stellt das Motorrad am Strassen-Rand ab, schiesst vier Fotos der Scheibe. Als er das vierte Foto aufgenommen hat, schiesst das Objekt auf Helio zu und er verspürt einen starken Kopfdruck. Er erinnert sich noch, wie irgendetwas ihn dazu auffordert, einen Block zu nehmen, etwas aufzuschreiben, dann verliert er das Bewusstsein. Das nächste, woran sich AGUIAR erinnern kann, er kriecht zu seinem Motorrad, einen Zettel in der Hand, auf dem steht: 'Beendet sofort alle Atom-Versuche, die einem Kriegs-Zweck dienen. Das Gleichgewicht des Universums ist bedroht. Wir bleiben wachsam und sind bereit, einzugreifen.'

Howard MENGER brachte eine Kartoffel von einem anderen Planeten mit. Untersuchungen ergaben einen ungleich höheren Protein-Gehalt als irdische Kartoffeln. Elisabeth KLARER besitzt einen Frauenhaar-Farn vom Planeten METON im System Proxima Centauri.

People are not bad, They are only lost, there is still time.

Good news is rarely shared, the world is perhaps not as bad as he looks. We need more faith in hum…

Arme Lehrer:
Gleich vier Zwillinge
in einer Klasse.

Das ist aber ganz schön viel Meinung
für so wenig Ahnung!

Bei Ecstasy/MDMA haben die Forscher für die Städte einen täglichen Verbrauch von 367 Gramm errechnet. Auch bei dieser Substand liegt die Stadt Zürich auf dem ersten Platz der Rangliste. Auffällig ist hier jedoch, dass noch vor den Metropolen Basel und Genf die Stadt St.Gallen auf Platz 2 auftaucht.

I'm a writer
but then
nobody's perfect

I can't help it.. I love you… and every time I hear some fink making a crack about you, I see red!

Eine Motte verrät bin Laden.
So abgefahren sind die Überwachungsmethoden der Geheimdienste.

Kevin's iPhone

Q. What's the difference between publishers
and terrorists?
A. You can negotiate with terrorists.

Bis heute weiss er nicht, "ob die anderen verrückt sind oder ich".

Das wildelet ganz hyänenmässig
An analysis of the recent New York auctions shows

Veganerinnen
gegen die
Salamisierung
des Abendessens.

Jeder Tag ist 24h lang, aber unterschiedlich breit ...

prices have cooled for so-called "zombie formalists" and other flip-worthy artists.

Du musst dein Ändern leben.

The self-portrait artist felt his heart sink as he realized he had become a caricature of himself.

Nur Sender kann man orten.

Die einzig wahre Rasse: Die Terrasse.

Wie man eine italienische Subkultur erschafft:
1) Vor dem Sandwichladen abhängen
2) Eine rote Daunenjacke tragen

Was passiert, wenn man sich zweimal halbtot lacht?

Do not use the reflection off this glass
to check yourself out.
Thank you.

My thoughts have been
replaced by moving images…

NOTHING
REALLY
MATTRESS

Wie gross ist der Spezifische Ozean?

Wird man vom Duschen schwanger?

Wäre Michael Jackson noch am Leben, wenn er nicht gestorben wäre?

Warum hat eine 24-Stunden-Tankstelle eigentlich Türschlösser?

Specki, bist du das?

In Ulm und um Ulm und um Ulm herum. In Ulm, um Ulm und um Ulm herum.

Die Kunst zu Überleben, Survival
ISBN 3-492-22622-1

Warum laufen Nasen,
während Füsse riechen?

Warum ist eigentlich nie besetzt, wenn man beim Telefonieren eine falsche Nummer wählt?

Pallywood ist die Bezeichnung für eine Berichterstattung, bei der mithilfe gestellter Szenen gewaltsame israelische Übergriffe auf die palästinensische Zivilbevölkerung vorgetäuscht werden, um die Weltöffentlichkeit gegen Israel einzunehmen.

Man muss es wohl als medienpsychologische Tatsache hinnehmen, dass nach drei, vier Wochen intensiver Berichterstattung sowohl Journalisten wie Konsumenten erschöpft sind un die Bereitschaft rapide sinkt, sich mit dem betreffenden Thema auseinanderzusetzen. Durch Beschweigen ist es aber nicht aus der Welt geschafft. Das bestärkt den Verdacht, dass wir nur unzuverlässig und willkürlich über das informiert werden, was ist.

The massage,
not the message!

Breakthrough Listen ist eine privatfinanzierte SETI-Forschungsinitiative. Das Projekt wurde am 20. Juli 2015 von Juri Milner, Stephen Hawking, Frank Drake, Geoffrey Marcy, Ann Druyan und Martin Rees in der Royal Society in London angekündigt und wird von Juri Milner mit vorerst 100 Mio. USD unterstützt. Für die Suche nach Signalen möglicherweise existierender technischer Zivilisationen im All werden das Radioteleskop in Green Bank, das optische Teleskop Automated Planet Finder des Lick-Observatoriums in den USA und das Parkes-Radioteleskop in Australien eingesetzt. Das Projekt soll zehn Jahre dauern. Projektziel ist es u.a. 1 Mio. erdnaher Sternensysteme, die hundert nächsten Galaxien und das galaktische Zentrum nach Anzeichen extraterrestrischer Intelligenz zu scannen. Alle erlangten Teleskopdaten sind Open Data, die verwendete Software Open Source und es erfolgt eine Kooperation mit SETI@home.

Wer Party macht, muss auch ackern können.

Mario Carl Heer is this U? nizZz coat!

Real swisstas (swiss-hipstas),
heart emoticon
!!

Women are much more likely to be bisexual than men.

Ein Logo ist dann gut, wenn man es mit dem grossen Zeh in den Sand kratzen kann.

Death metal music attracts sharks, documentary crew finds out. The low, rumbling frequencies of death metal mimic the sounds of struggling fish.

A documentary film crew hit upon a novel technique to attract great white sharks - blasting death metal through an underwater speaker.

Chli paffe und dr nochbuur chunt schu püggel über.

Don't judge a car by its color!

Im Kampf gegen «einäugige Idioten»

Study break..
Next dream after school... Marry a rugby player! Best case scenario a British one! You know, just cause of the accent...

My metabolism causes me so much strife.

Heute kann jeder Hobbyautor sein Buch als E-Book herausbringen. Wir haben uns einen Überblick über die absonderlichsten Werke der Selfpublishing-Branche verschafft – und wurden nicht enttäuscht.

Holzschalen und
Kerzenleuchter mit der
Kettensäge schnitzen

Manchmal ist es das Klügste,
sich dumm zu stellen.

I thought I was big stuff!
Now I'm lonesome and
in love and nobody cares!

EXPOSED: Single Mom From London Makes a Staggering £7.650/Month And You Won't Believe How She Does It!

Vollblutkünstlerblick

Ängste machen leider dumm.

Die ganz Polizei des Kantons Bern vs 50 Demonstranten. Bravo. So schmeisst man Geld zum Fenster raus.

Eine einzige Seewespe kann bis zu 200 Menschen den Tod bringen.

Chironex fleckeri

ORANGE COUNTY (USA) - Ein Hai verletzt den 39-jährigen Eugene Finney. Doch damit rettet er ihm das Leben.

Typically Tropical - Barbados 1975 The original of a Vengaboys hit

Magnus Opus

Ladies and Gentlemen, this is captain Tobias Wilcock
welcoming you aboard Coconut Airways
flight 372 to Bridgetown Barbados
We will be flying at an 'ight of 32000 feet and at an
airspeed of approximately 600 miles per hour
Refreshments will be served after take-off, kindly fasten
your safety belts and refrain from smoking
until the aircraft is airborne

Woah, I'm going to Barbados
Woah, back to the palm trees
Woah, I'm going to see my girlfriend
Woah, in the sunny Caribbean sea

Tell My Mother Not To Worry'

Make every show like it's your last

I love the smell of zombies in the morning.

We're gonna need a bigger zombie.

The truth is out there!

Das Little A' Le' Inn ist in jeder Hinsicht ungewöhnlich: Es liegt im wahrsten Sinne mitten in der Pampa in der Wüste von Nevada, direkt am Extraterrestrial Highway im Weiler Rachel. Wer hier landet, der weiss, wonach er sucht: Nach Ruhe, einem riesigen Firmament voller Sterne und der Gewissheit, dass ein paar Meilen entfernt die sagenumwobene Area 51 liegt. Schon im Restaurant des Little A' Le' Inn wird einem zugeraunt, dass es nicht weit zur Area 51 sei. Ansonsten gibt es hier den Alien-Burger und alle möglichen Andenken an diese fast ausserirdische Location. Die preisgünstigen Zimmer/Apartments sind in flachen Holzbauten untergebracht - ungewöhnlich, aber gemütlich und sauber! Mit einer Mär räumt die Besitzerin gleich auf: Der Alien-Film Paul wurde hier nicht gedreht, sondern im Studio. Hollywood hätten behauptet, eine Doku zu drehen und die Location dann fast 1:1 nachgebaut - gegen Null-Honorar. Trotzdem hat sie ein Filmplakat und Fotos mit Autogrammen aufgehängt, weil der Film ja doch etwas Publicity gebracht hat. Und draussen ist eine Zeitkapsel vergraben, vom Team des Films Independence

Day, der aber auch nicht hier gedreht worden ist... Und auch die berühmte Mailbox an der Abzweigung zur Area 51 ist verschwunden - trotzdem lohnt sich der Abstecher nach Rachel unbedingt!

Guten Morgen, oder um es mit seinen Worten zu sagen Good Morning

(Für die ganz Neue heds hie sogar e gueti und eifachi Erklärig, wie eifach dases eigentlech isch)

man kann gar nicht so viel in sich hineinstopfen wie man kotzen will

Ich könnte den ganzen Tag kotzen!

Tönt alles Interessant,
muss wohl doch einmal
an die OLMA.

AMAZING DRUMMER !!!
Sorgen für viel Trubel:

Gewehre vom Typ G36
von Heckler & Koch.

Heckler & Koch

Als Markt- und Technologieführer setzt Heckler & Koch Massstäbe bei der Herstellung innovativer und zuverlässiger Handfeuerwaffen. Dabei steht Heckler & Koch für höchste Qualität. Das ganzheitliche Qualitätsverständnis beginnt bei der Entwicklung neuer Produkte, geht über den Einkauf der Rohmaterialien und endet bei der finalen Abnahme der fertigen Waffensysteme.
Forschung und Entwicklung

Innovationsgeist ist ein entscheidender Erfolgsfaktor von Heckler & Koch. Das Unternehmen investiert rund vier Prozent des Umsatzes in Forschung & Entwicklung – ein Wert der weit über dem Niveau anderer Wettbewerber liegt. Über 70 Ingenieure sind damit beschäftigt, erste Ideen in Prototypen zu verwandeln. So verfügt das Unternehmen stets über eine gut gefüllte Produktpipeline.

Bereits in der F&E-Phase legt Heckler & Koch besonderen Wert auf eine effiziente Qualitätssicherung. Daher arbeitet Heckler & Koch in unterschiedlichen Teams, die die komplette Entwicklung eines Produktes betreuen – von der ersten Idee bis zur Serienreife.
Mitarbeiter

Das Qualitätsbewusstsein gut ausgebildeter und qualifizierte Mitarbeiter ist eine Voraussetzung für die Zuverlässigkeit und Qualität der Produkte. Bei Heckler & Koch ist jeder einzelne Mitarbeiter immer auch Qualitätsmanager. Daher investiert das Unternehmen kontinuierlich in die Aus- und Weiterbildung seiner Mitarbeiter. Erst 2010 hat Heckler & Koch ein neues Ausbildungszentrum eröffnet.
Produktion

Moderne Produktionsanlagen tragen wesentlich zum hohen Qualitätsstandard der Produkte bei. Heckler & Koch hat den Maschinenpark im Laufe der vergangenen zehn Jahre komplett erneuert, sodass er dem neuesten Stand der Technik entspricht. Die Fertigung ist so organisiert, dass Fragen der Arbeitsvorbereitung, der Produktion und der Qualitätssicherung auf kurzem und effizientem Wege geklärt werden können.
Technologie

Heckler & Koch setzt Massstäbe beim Einsatz neuer Technologien und Materialien. Ein Beispiel ist die Kunststoff-, MIM- (Metal Injection Molding) und Kaltumformtechnologie. Wo früher zahlreiche und langwierige Arbeitsprozesse notwendig waren, werden heute nur noch wenige Minuten pro Teil benötigt. Gleichzeitig verbessern die heutigen Produktionsanlagen die Qualität der Produkte: Während sich die Präzision und Lebensdauer der Produkte erhöhen, verlängern sich die Instandsetzungsintervalle.
Qualitätskontrolle

Durch die konsequente Umsetzung eines nach DIN EN ISO 9001 zertifizierten Qualitätsmanagement-systems garantiert Heckler & Koch die hohe Qualität seiner Produkte. Diese vorbeugenden Massnahmen werden durch klassische Kontroll- und Überwachungsabläufe ergänzt. Die Qualität der Produkte zeigt sich auch in der Kundenzufriedenheit und den vielen seit Jahrzehnten bestehenden Kundenbeziehungen. Ausserdem strebt Heckler & Koch derzeit die Zulassung gemäss Allied Quality Assurance Publications (AQAP) an, einem von der NATO festgelegten Qualitätsstandard.

Top 100 and recent trends in the arms industry

Raytheon

The Raytheon Company is a major American defense contractor and industrial corporation with core manufacturing concentrations in weapons and military and commercial electronics. It was previously involved in corporate and special-mission aircraft until early 2007. Raytheon is the world's largest producer of guided missiles.

Mission: Global Defense

Protecting our homeland. Defending our allies. Safeguarding trade. Our air and missile defense systems have one mission: providing peace of mind.

Raytheon's proven interceptors, radars and space sensors work together to provide protection against ballistic missiles, cruise missiles, aircraft and other threats.

Thirteen countries rely on Global Patriot Solutions for air and missile defense. Our Standard Missile-3 and Exoatmospheric Kill Vehicle defeat warheads while they're still in space. Our JLENS aerostats provide regional defense from 10,000 feet for 30 days at a time. And our long-range radars keep watch around the clock, from windswept stations in Alaska to ships in the Persian Gulf.

It's a big sky up there, but we've got it covered.
That's our mission.

Es lohnt sich, den Playboy auch einfach «nur» zu lesen.

Salamisierung des
Abendbrots stoppen!

Ich bin ein wütender Mopp.

Uns ist kalt.

Er sieht aus wie ein harmloser Speicher-Stick, doch in Wirklichkeit handelt es sich um eine Cyberwaffe.

Zukunftsplanung?
Uiuiuiui.

Das Capgras-Syndrom ist ein sehr seltenes Syndrom, bei dem der Betroffene glaubt, nahestehende Personen seien durch identisch aussehende Doppelgänger ersetzt worden. Es wurde nach Joseph Capgras (1873–1950) benannt, der das Syndrom 1923 erstmals beschrieb.

Alright it's been a few years so bare with me. The sighting was in South West Pennsylvania around 2002-2004 around this time of year. I was around 13 and was having a sleepover at my house with two friends, one who lived deep in the woods and needed to be picked up, so with one friend already with me, my mom drives out to friend B's house. We're all in the car and say we all smell this horrid stench, like I'm talking dead animal mixed with someone going to the gym daily and not bathing for a week horrid. As we're driving down the road to get on the main road, I turn around and see this massive thing with brown/red hair leaning against an incline to climb up and go into the woods. I turned around and freaked out, telling my mom to stop the car. By the time she found a spot to pull over we were about a quarter mile down the road and whatever it was had vanished. I was the only one who saw it and was made fun of by my friends.

50 Anzeichen für eine Entführung durch Aliens

Es gibt mehrere Anzeichen für eine Entführung durch Ausserirdische, die ich hier einmal zusammenfassen möchte. Mittlerweile geht man von vielen Millionen Entführungen weltweit aus. In fast allen Fällen erinnern sich die Entführten nicht an ein solches Ereignis. Sie wachen am anderen Morgen auf und nehmen ihre gewohnten Routinen auf, ohne sich darüber im Klaren zu sein, dass sie sich in der Nacht auf einem Raumschiff aufgehalten oder Ausserirdische neben dem eigenen Bett im Schlafzimmer gestanden haben. Wie auch immer die Begegnung ausgesehen haben mag, die Erinnerung daran wird im Anschluss sofort gelöscht und kann nur noch unter äusserster Willensanstrengung zurückgeholt werden…

Da man sich jedoch nicht einmal daran erinnert, dass man etwas vergessen hat, ist es in fast allen Fällen ein sinnloses Unterfangen. Ich habe mich mit jemanden ausgetauscht, der überzeugt ist, dass er bereits mehrere Male entführt wurde. Aus dem Grund im Weiteren eine Auflistung vieler möglicher Anzeichen dafür, dass man vielleicht einmal entführt worden ist:

1. Zeitverlust: Es fehlt ein gewisser Zeitraum, den man sich nicht erklären kann. Dabei kann es sich um Minu-

ten oder sogar Tage handeln. Eine Erinnerung an die fehlende Zeit ist nicht vorhanden.

2. Ungewöhnliche Narben: Auf dem Körper können sich Zeichen befinden, wie Narben oder Laserschnitte auf den Knöcheln, Handgelenken oder dem Rücken.

3. Brummgeräusche: Man kann Brummgeräusche hören, meistens kurz vor dem Schlafengehen.Das Brummen kann wirklich extrem laut werden, aber man findet keine Quelle.

4. Beobachtet werden: Das Gefühl, beobachtet zu werden, d.h. es ist ein Gefühl, das man erhält, während oder kurz vor dem Schlafengehen.

5. Schlafwandeln: Man wacht an einem anderen Ort auf, der nicht jener war, den man zum Schlafengehen gewählt hatte. Entweder auf der Couch, im Garten, auf der Strasse oder an einem anderen Ort.

6. UFO gesehen: Wenn man in seinem Leben mal ein UFO gesehen hat bzw. des Öfteren eine solche Sichtung erlebte.

7. Fernweh: Ein seltsamer Zwang, zu Fuss mit einem Auto oder Zug an einen anderen Ort zu wollen, ohne jede Erklärung.

8. Unerwartete körperliche Probleme: Plötzliche Krankheit, Nebenhöhlenproblemen, Müdigkeit, Migräne oder Hautausschläge.

9 . Insomnia: Man erfährt Schlaflosigkeit wegen Albträumen, Träume über UFOs oder von Tieren, die mit grossen schwarzen Augen einen verschlingen. In der Regel mit wilden Tieren wie Eulen, Kojoten und Wölfen verbunden.

10. Implantate: Der Arzt entdecken kleine, seltsame Objekt im Körper, die nicht erklärt werden können. Solche Stellen sind oft die Hüfte, Knöchel, Füsse, Nase oder der Hände.

11 . Schwangerschaftsbruch: Man ist schwanger und die Schwangerschaft wird innerhalb weniger Monate ohne jede Erklärung beendet.

12. Spermaproben: Man glaubt, dass man Geschlechtsverkehr in der Nacht hatte oder Samen aus dem Körper entnommen wurden.

13. Psychischen Fähigkeiten: Man hat plötzlich das Gefühl, als ob man ein gewisses Mass an psychischen Fähigkeiten besässe, ohne jede Erklärung.

14. Körperstarre: Aufwachen mit der Unfähigkeit, sich bewegen zu können. Aus irgendeinem Grund kann man seinen Körper für ein paar Sekunden oder Minuten nicht bewegen.

15. Lichtkugeln: Lichtblitze oder Lichtstrahlen werden nachts flüchtig an der Peripherie des Sichtfeldes oder direkt im Schlafzimmer wahrgenommen.

16. Flugträume: Wiederholte Träume von der Fähigkeit, über das eigene Haus oder die unmittelbare Nachbarschaft zu fliegen.

17. Starke Erinnerung: Eine sehr starke Erinnerung an etwas Ungewöhnliches, wie durch die Luft geschwebt zu sein, auf einem Untersuchungstisch zu liegen oder eine seltsame Injektionsnadel gesehen zu haben.

18. Kosmisches Bewusstsein: Ein plötzliches Interesse an Ökologie, Umwelt, vegetarische oder vegane Lebensweise oder einfach nur ein soziales Bewusstsein, das sich ohne ersichtlichen Grund im Erwachsenenleben entwickelt.

19. Mission: Man hat das Gefühl, eine Mission im Leben zu besitzen. Man hat den Zwang, eine Lebensaufgabe zu erfüllen, aber man weiss nicht genau, was es ist oder warum man dieses Gefühl hat.

20. Besonderheit: Man hat das innere Gefühl, speziell oder etwas Besonderes bzw. von jemandem auserwählt worden zu sein.
21. Unerwartete Vorkommnisse: Man erfährt Ereignisse im Leben, die man nicht verstehen oder erklären kann und sonst niemand anderes hatte.
22. Hellsehen: Man hat die Erfahrung, etwas zu wissen, was passieren wird, bevor es geschieht.
23. Augenträume: Man erinnert sich daran, von grossen Augen geträumt zu haben. In der Regel sind sie einem dann vertraut, wie die Augen von Hirschen, Elchen, Eulen oder Wölfen. Alles, woran man sich am Morgen aus dem Traum erinnert, sind ungewöhnlich grosse Augen.
24. Aufschrecken: Man erwacht grundlos in der Nacht, häufig mit einem Gefühl der Panik oder Angst.
25. Alien-Fotos: Man hat eine Abneigung gegen jede Art von Bildern über Ausserirdische, sogar vor simplen Zeichnungen.
26. Phobien: Man hat unerklärliche Gefühle der Abneigung gegen Höhen, Schlangen, Spinnen, grosse Insekten, bestimmte Töne, helle Lichter, und/oder eine starke Angst vor dem Alleinsein.
27. Besondere Orte: Man hat eine Kindheitserinnerung an einen besonderen Ort mit spiritueller Bedeutung.
28. Selbstwertgefühl: Man hat häufig ein Gefühl mangelnden Selbstwertgefühls bzw. dass man einen niedrigeren Wert im Leben im Vergleich zu anderen besitzt.
29. Miterleben: Ein Partner oder ein Freund, der bei einem übernachtet, erlebt in der Nacht eine Schlafstarre, ist unbeweglich oder besass nachts das Gefühl, eingefroren zu sein, vor allem während des Schlafengehens.

30. Miterleben 2: Man kennt jemanden, der ein UFO gesehen hat, entführt wurde oder behauptet, dass ihm manchmal Zeiträume fehlen.
31. Blut: Man findet morgens Blut oder kleine Bluttropfen auf dem Kopfkissen, ohne irgendeine Erklärung, wie es dorthin gekommen ist. Oder man hat zu einem bestimmten Zeitpunkt und ohne ersichtlichen Grund im Leben plötzlich Nasenbluten oder wurde nachts wach und hatte Nasenbluten.
32. UFOs oder Aliens: Man besitzt ein unerklärliches Interesse an diesen Themen.
33. Abneigung: Man hat eine extreme Abneigung gegen Themen, Sehen oder Hören, was irgendwie mit Ausserirdischen oder Entführungen zu tun hat.
34. Feste Objekte: Man hat das Gefühl, der eigene Körper sei durch feste Gegenstände wie Türen oder Fenster gedrungen.
35. Flashbacks: Man hat seltsame Bilder im Kopf von unbekanntem Werkzeug, langen Fluren, ovalen Tischen, seltsam aussehende Babys, genetisch vermischte Kinder oder UFO-Sichtungen.
36. Sex: Man träumt von einem Sexualpartner, der einem unbekannt ist und extrem dürr, unmenschlich magersüchtig wirkt.
37. Schmerzen: Man erwacht mit Schmerzen im Genitalbereich, die nicht erklärt werden können.
38. Rücken- oder Nacken-Probleme: Man hat grundlos Rückenschmerzen oder erwacht mit einer aussergewöhnlichen Steifheit in jedem Teil des Körpers.
39. Elektrizität: Bestimmte elektronische Geräte (Computer, Digitaluhren, etc.) scheinen ohne Erklärung nicht richtig zu funktionieren. Auch kann plötzlich die Strassenbeleuchtung ausgehen, wenn man unter ihnen

entlanggeht oder Radiogeräte und Fernseher sind betroffen, wenn man sich in deren Nähe aufhält.
40. Klingeln in den Ohren: Häufiges oder sporadisches Klingeln in den Ohren, oft nur auf einem Ohr.
41. Kopfschmerzen: Kopfschmerzen, vor allem in der Nebenhöhlen, oder in nur einem Ohr.
42. Medizinische Träume: Träume von Ärzten, die irgendwelche operativen Verfahren am eigenen Körper vornehmen.
43. Vitamine: Man empfindet den Drang, mehr Vitamine zu sich zu nehmen, je älter man wird.
44. Angst vor Schränken: Man hat aus unerklärlichen Gründen Angst vor dem Kleiderschrank oder irgendeinem anderen Schrank.
45. Apokalypse: Apokalyptische Träume von Katastrophen oder dem Ende der Welt.
46. Schweigen: Man hat das Gefühl, man sollte nicht über diese Dinge sprechen oder anderen davon erzählen.
47. Wand: Man hat das Gefühl, man müsste immer mit dem Gesicht zur Wand schlafen bzw. dass das Bett direkt an der Wand stehen müsse.
48. Türen: Man prüft nachts doppelt und dreifach, ob wirklich sämtliche Türen verschlossen sind, damit niemand eindringen kann.
49. Schweben: Träume darüber, wie man durch ein Fenster oder in einem Lichtstrahl schwebt bzw. nach oben gezogen wird.
50. Studium: Den unerklärlichen Drang, Astronomie, Astrophysik oder auch Quantenphysik zu studieren.

Wer am Capgras-Syndrom erkrankt...
a) verwechselt vertraute Personen mit Gegenständen.
b) meint, seine Liebsten seien ihre Doppelgänger.
c) glaubt nicht zu existieren.
d) kann seine Bewegungen nicht bewusst steuern.

Ein einziges Foto hatte es bislang von Billy the Kid gegeben. Nun ist auf einem Flohmarkt ein zweites aufgetaucht. Es zeigt den grössten Verbrecher des Wilden Westens im Freizeitlook beim Spielen.

Hallo, wir sitzen gerade in der Badwanne, wenn das Wasser kalt ist, rufen wir gern zurück.

I've seen something weird twice, both on the Parkway going inbound towards Pittsburgh late at night.

The first was at around 2am in the morning. I was driving home from my dads house, and just before the exit to McClaren Road, walking down the side of the road was what I can only describe as a freaking huge Hyena. This thing looked like its head would be above my waist. Only saw it for a second, then thought i should stop and see if i saw what i thought i saw, decided i liked not being mauled and continued driving.
It could have been a wolf or coyote, they live around here, but something about its color and the patterns on its fur made me think hyena.

Betrunkene und Kinder sagen immer die Wahrheit.

Muss um 7 raus, jetzt ist es 4 Uhr,
lohnt es sich noch aufzubleiben?

Wie kann ich meine Rasse wechseln?

Gibt es Autogramme von Jesus Christus?

A year or two later I was coming home from work at around one AM, glanced to the right as I was merging onto 79 towards Carnegie. Saw what appeared to be a panther standing under a street light. Pretty sure it was some kind of cat, not a dog, because i remember a long thin tail. Big cats are not supposed to exist in the south western PA area, but they get reported from time to time

Not my story but someone I know that is close to my Family. Before I start I want to tell you that I am 100% serious about this encounter. He was out hunting in the great northwest. Wandering around in the woods. We he came to a river... he started walking along the river and there he saw it. A small little creature standing on the water. He had discovered a leprechaun. I shit you not. He will swear by everything that is holy that it was there. I don't have much more info on the story. Sorry.

Giant black panther-like
creature about ten
feet away from me down an
alley in Devon, England.

As I walked very slowly past it, it stared at me all the way. It must have been 7 feet, nose to tail. Sighting lasted about 30 seconds, until I got far enough to run like a bat out of hell.

I was about 15, so we are talking mid 1980s.

Not me, but my uncle tells this story: he was out hunting deer in the Owyhee Desert, which if you haven't been there is a very interesting place. This would be about 1975. It stands as the widest expanse in the Lower 48 states without paved roads. It also looks completely FLAT, until you try to cross it, when it reveals itself as a lot of little pits and hummocks.

He was walking the land, looking for an easy meal, when deep in a little hollow, he came across a shack. These are hardly unknown in that country, 49ers silver prospectors and just plain old squatters had built shacks all over Nevada since white people started crossing through.

He figures he's gonna take a look, and slowly creeps down towards it, when here's the LOUD LOUD HOWL! And of the the door steps the biggest and onliest gray wolf he's ever seen in the country, and fixes an eye on him.

They stare at each other for what was either eternity or one breath, and my uncle knows he's trespassing, and slowly backs up.

If that really was a wolf, and he is one of the people I would know to trust the difference, it was a relict or a migrant. There hadn't been a wolf recorded in that country in a hundred years.

In Mexico staying over friends house. I'm sleeping in the living room which is smack in the middle of the front yard and backyard. There's a small river flowing in the back leading to a huge community pool in that town. I can hear the stream. Whispering and laughter can be heard coming from the small river. I go to sleep, wake up tell everybody in hearing things. Friends father says one night he heard crying went to check and found a tiny humanoid known as a duende. The duende told him people were throwing thrash upstream and it would wash up there where he lived. Don't know if it's true but sure creeper me out.

Normally you'd take things your parents tell you and have some doubt but after a recent trip to his mothers and her sharing some of his stories that he told me made it more believable.

There is also that whole you'll see what you want to see thing. so who knows. I'm terrified of heavily wooded areas to be honest.

Aliens would rather listen to nice music, or poetry, or admire nice art, or watch a movie, than give you trouble.

Aliens absolutely really
believe in God and Nature.
So they would never
attack you.

Airline wirft weinende Frau aus Flugzeug

Von Tacos kann man nicht genug kriegen

I AM SOMEWHAT SCEPTICAL

Kenne Leute die von Winterthur eben erst weggezogen sind, weil es dort bereits Ghettomässig zugeht!

33 incredible pictures of rich men in Dubai

Ein Lob auf die Zivilisation.
Ein Lob auf die reguläre Strafverfolgung.
Ein Lob auf den Rechtsstaat.

Die Mafia will jetzt auch gegen den IS vorgehen.

Zwei dinge sind unendlich: das Universum und die menschliche Dummheit, wobei ich mir beim Universum noch nicht ganz sicher bin.

1984

Die Welt ist in die drei verfeindeten Machtblöcke Ozeanien, Eurasien und Ostasien aufgeteilt, die sich in dauerhaftem Krieg miteinander befinden. Die Handlung des Romans spielt in Ozeanien, das Nord- und Südamerika, die britischen Inseln, Australien und das südliche Afrika umfasst. In dem diktatorisch und totalitär geführten Staat unterdrückt eine vom – nie wirklich sichtbaren – „Grossen Bruder" (Big Brother) geführte Parteielite („Innere Partei") die restlichen Parteimitglieder („Äussere Partei") und die breite Masse des Volkes, die „Proles". Die allgegenwärtige „Gedankenpolizei" überwacht permanent die gesamte Bevölkerung. Mit nicht abschaltbaren Geräten („Teleschirme"), die zugleich alle Wohnungen visuell kontrollieren und abhören, schürt das Staatsfernsehen Hass auf einen unsichtbaren „Staatsfeind" namens Emmanuel Goldstein, der angeblich die gegen die Partei gerichtete Untergrundorganisation der „Bruderschaft" leitet. Dieser Hass wird den Menschen als Teil der allgegenwärtigen Propaganda täglich neu eingehämmert und dient dazu, die Bevölkerung durch das gemeinsame, allgegenwärtige und anscheinend übermächtige Feindbild zusammenzuschweissen und von ihrem entbehrungsreichen, von harter Arbeit geprägten Leben abzulenken.

Käse
Kaffee
Kunst

Ach, Scheidung macht gar nicht glücklich?

The 'Hood in miim Chopf'

ICH HABE GHETTOABITUR GUCK AUF DAS ARMUTSZEUGNIS

Würdet ihr euch den kleinen Finger abhacken, wenn ihr dafür nie mehr ernste Krankheiten bekommen würdet (ausser kleine Dinge wie Husten,Schnupfen)

Meine Freundin will Schluss machen, ich auch, was sollen wir tun?

Hey, ich habe eine Rose gemalt.
Was kann ich dazu malen?

Die Guten sterben zuerst,
man muss sich schämen,
dass man noch lebt.

Eine innere Stimme warnte mich.

Kann ein allmächtiger
Gott einen Stein erschaffen,
den er selbst nicht heben kann?

Wenn an der Evolution was dran ist, warum haben Schweine dann keine Flügel?

Kann man echt Gewicht verlieren, wenn man seinen Bauch reibt?

Wieso passiert immer genau so viel, wie in die Zeitung passt?

Macht kaputt,
was eure Daten sammelt

Join the winner.

Die Pirahã-Indianer leben zurückgezogen in Brasliens Urwald. Jetzt sperren sie eine Durchfahrtsstrasse ab und betteln um Chips und Kekse. Was ist passiert?

01575 884 05 44

Bekommt man eigentlich Geld zurück, wenn ein Taxi rückwärts fährt?

Wenn Superkleber wirklich überall und alles klebt, warum bleibt er dann nicht auf der Innenseite der Tube kleben?

Wie würden Stühle aussehen, wenn wir die Kniescheiben hinten hätten?

Wenn 5 Leute in einen leeren Raum gehen und 6 wieder heraus kommen, wie viele müssen dann wieder rein gehen, damit der Raum erneut leer ist?

Warum muss man für den Besuch eines Hellsehers einen Termin machen?

Filme. Die überzeugendsten UFO-Filme sind jene von George ADAMSKI, Madeleine RODEFFER und Howard MENGER. Sie zeigen, wie sich in ihren Kraft-Feldern die Form der Raum-Schiffe verändert, wie sie ihre Gestalt ändern, wie sie vibrieren und in plasmatische Strukturen übergehen.

Warum ist „Einsilbig“ dreisilbig?

Was ist besser: Drei Vierkornbrötchen oder vier Dreikornbrötchen?

Warum muss ich auf Start klicken um Windows zu beenden?

Wenn es dir gut geht, mach dir keine Sorgen. Es wird vorbeigehen.

Du weisst, dass heute nicht Dein Tag ist, wenn du aufwachst und feststellst, dass du tot bist.

So ist das Leben:
Mal verliert man,
mal gewinnen die anderen.

In einer Minute vergehen
in Afrika 60 Sekunden,
bitte helfen Sie mit.

Manche Arbeit muss man zigmal verschieben, bis man sie vergisst!

Ich habe solchen Hunger, dass ich vor lauter Durst nicht einschlafen kann!

Wir haben schwach angefangen,
aber dafür lassen wir stark nach!

Wenn ich die Kraft hätte, würde ich gar nichts machen!

Wäre der heutige Tag ein Fisch, würde ich ihn wieder rein werfen.

Du redest dauernd vom Urlaub.
Wir haben nicht mal das Geld zum Daheimbleiben

Der Lehm ist zurück: Auch Architekturstars wie Jacques Herzog & Pierre de Meuron haben die Vorzüge des «Baustoffs der Armen» wiederentdeckt.

Mein 13-jähriger Sohn hat angefangen RAP zu hören. Wie treibe ich ihm das aus?

We are a
brainwashed
generation

Silendo
Libertatem
Servo

Ein Konzern, den man Psychopath nennen könnte.

So schneidest du ein Seil ohne Messer. Im Notfall pures Gold wert!

Merlin Carpenter at Formalist Sidewalk Poetry Club.

Super Argumentatione.

Durch Schweigen bewahre ich die Freiheit.

Take It But Piano

Ich bin so stolz

Gruusig
Jetzt kommen die Wurger!

Ein Mantel ist mehr als eine Hülle. Er ist ein Statement.

Wie wäre der 8. oder 16. Januar für den mögliche Termin der Benny Bishop Ausstellung? Ich hoffe, sehr es passt Dir.

Star des Tages
Andra wäre gerne ein Engel

Brice Marden: Abstract painting can take you to paradise.

Je tiefer die Stimme, desto kleiner die Hoden.

Denkst Du,wir könnten die Holzplatten zurücklassen, da bei meinem Auto die Nivellierung ausgefallen ist.

Hipster-Schwein erobert die Schweiz.

Stärker als ein Elefant
Russe zieht 37 Tonnen schweren Panzer

Fresh Breath

This should be in every classroom in the ZHdK!! Some students don't realize what an opportunity they have!! We study in the most expensive university! the building with the best infrastructure worldwide!! #thankslife

Die 10 Berufe mit den meisten Psychopathen:

CEO (Geschäftsführer oder Vorstandsvorsitzender)
Anwalt
Journalist (TV/Radio)
Verkäufer
Chirurg
Journalist
Polizist
Geistlicher
Koch
Beamter

Die 10 Berufe mit den wenigsten Psychopathen:

Pfleger
Krankenschwester
Therapeut
Handwerker
Kosmetikerin/Stylistin
Mitarbeiter von Wohlfahrtsorganisationen
Lehrer
Kulturschaffender
Arzt
Buchhalter

Psychopathie bezeichnet eine schwere Persönlichkeitsstörung, die bei den Betroffenen mit dem weitgehenden oder völligen Fehlen von Empathie, sozialer Verantwortung und Gewissen einhergeht. Psychopathen sind auf den ersten Blick mitunter charmant, sie verstehen es, oberflächliche Beziehungen herzustellen. Dabei sind sie mitunter sehr manipulativ, um ihre Ziele zu erreichen. Oft mangelt es Psychopathen an langfristigen Zielen, sie sind impulsiv und verantwortungslos. Psychopathie geht mit antisozialen Verhaltensweisen einher, so dass oft die Diagnose einer dissozialen/antisozialen Persönlichkeitsstörung gestellt werden kann. Die Gehirne von Psychopathen weisen verschiedene Struktur- und Funktionsdefizite auf.

Coping-Strategie

Bestimmte Berufsgruppen (Soldaten, Polizisten, Psychiatriepfleger u.a.) erlernen Coping-Strategien, um in Grenzsituationen handlungsfähig zu bleiben. Diese Befähigung wird unter anderem durch realitätsnahes Üben erlangt.

In der Psychotherapie kann das Erlernen von Coping-Strategien angewandt werden, um Patienten zu befähigen, Erlebnisse und psychische Belastungen besser zu bewältigen.

I m impressed.
and touched.
yeah!

Hello Dear.

How was your day? my name is Fatoumate I am a young African girl please i think we can make friends together i will like to show you my picture then from there you will know more about me please Age, languaage and distance do not matter but love matters in life.
Yours Faithful,
Miss Fatoumate

Im Haus nebenan zieht eine junge Familie ein, stellt sich aber nicht vor. Jedes weitere Aufeinandertreffen wird zu einem unsicheren Zugenicke. Gehört es zum höflichen Umgang, sich als neuer Mieter bei den Nachbarn vorzustellen?

Entschuldiung fur meine durftige Ubersetzung ins Deutsche.

Im Abstand der Planeten von der Sonne gibt es eine Gesetz-Mässigkeit, die sogenannte Titius-Bode-Regel. Zwischen Mars und Jupiter ist dieser Abstand aber doppelt so gross. Daher vermuten Astronomen und Wissenschaftler schon lange, dass sich dort einst ein Planet befunden haben muss und tauften diesen hypothetischen Planeten PHAETON. In der griechischen Mythologie lenkte PHAETON, der Sohn des Sonnen-Gottes HELIOS den Sonnen-Wagen so ungeschickt, dass er abstürzte und die Welt in Brand setzte.

DISTURB REALITY

Brot mit Kresse.

Das Universum bricht vielleicht gerade schon zusammen

Mom is a Damn Maniac on the
Drums plays wipe out
fantastic drummer.

Er wurde als Muskelprotz berühmt, machte aber in jüngster Zeit wegen seiner Wampe Schlagzeilen:
Vin Diesel wehrt sich gegen das Bodyshaming.

"Walkin Dead"-Fan tötet Freund mit Mikrowelle
Weil er "zum Zombie wurde".

Warum haben Frauen
so kleine Hände?
Damit sie beim Putzen
besser in die Ecken kommen!

Zwei Männer in der Kneipe: der eine: „Meine Frau wünscht sich zu Weihnachten was, das ihr zu Gesicht steht.“ Sein Kumpel: „Kauf ihr einen Faltenrock.“

Es soll Frauen geben, die sind intelligenter als Männer. Aber davon wird die Küche auch nicht sauber.

Drei Vögel auf einem Dach - Kommt der Besitzer raus und sagt haut ab. Sagt einer der Vögel: Um 13.00 Uhr

sitzen zwei Pinguine auf einer Eisscholle. Sagt der eine: "Mann, das ist aber kalt heute!", darauf der andere: "Halt den Schnabel, wir Pinguine können gar nicht reden..."

Gehen zwei Männer durch nen Tunnel auf einmal hat Peter auch ein Eis.

4 von 5 Personen singen im Auto

Eau de Cologne war ursprünglich ein Mittel gegen die Pest.

Heisses Wasser gefriert schneller als kaltes.

Adolf Hitler wurde 1939 für den Friedensnobelpreis nominiert. Natürlich vor dem Einmarsch in Polen.

Auch seine Diktatoren-Kollegen Mussolini (1935) und Stalin wurden für den Friedensnobelpreis nominiert. Stalin sogar zweimal (1945 und 1948).

"Sasser" (2004)

Dieser miese Schadcode schien unbesiegbar, umging mühelos Sicherheitsbarrieren und konnte so beispielsweise die Systeme von Delta Airlines und französischen Presseagentur AFP infizieren. Er nutzte eine Sicherheitslücke in Windows XP aus, um über das Internet von einem Rechner zum nächsten zu springen. Befallene Rechner schalteten sich in unregelmässigen Abständen selbsttätig aus. Hinter dem raffinierten Code steckten allerdings weder gut organisierte Terrorzellen noch ein grosses Hacker-Team. Sasser wurde von einem damals gerade mal 17-jährigen Jungen aus Niedersachsen programmiert. Obwohl der Wurm beträchtliche Schäden anrichtete und mehr als 9,5 Millionen Rechner infizierte, kam der Täter mit einer Jugendstrafe von einem Jahr und neun Monaten auf Bewährung sowie 30 Stunden gemeinnütziger Arbeit davon.

1945 sank das U-Boot U-1206, weil der Kapitän auf der Toilette statt die Spülung ein falsches Ventil öffnete.

Der produktivste Arbeitstag ist Dienstag.

Die Wurzel aus 123456789 = 11111,111

Unser Trinkwasser ist etwa drei Milliarden Jahre alt.

Österreich war das erste Land, das die Todesstrafe abschaffte (1787).

Nicht Hollywood oder Bollywood produzieren die meisten Filme pro Jahr, sondern „Nollywood“ in Nigeria (ca. 2.000 Filme jährlich).

Sieht man einen Regenbogen,
steht man mit dem Rücken zur Sonne.

Die V 2 Rakete der Nazis führte zu 3 mal mehr Todesopfer unter denen, die sie bauten – als unter den Bombardierten.

Ihre Zunge ist das am schnellsten heilende Körperteil.

Wenn ihr Auge eine Kamera wäre,
hätte es 576 Megapixel.

Wenn es kaum noch einen Unterschied zwischen Müll und Kunst gibt, dann ist es keine Kunst mehr sondern Müll und gehört somit in die Entsorgung. Die Reinigungskräfte haben richtig gehandelt.

ADHS

Die Aufmerksamkeitsdefizit-/Hyperaktivitätsstörung (ADHS), früher in Deutschland üblich bezeichnet mit ADS, zeichnet sich durch eine verminderte Aufmerksamkeit aus, durch Hyperaktivität und Impulsivität. Als ursächliche Störung dieser Kernsymptome wird eine gestörte Informationsverarbeitung in Hirnregionen vermutet, die für die Steuerung von Verhalten und Gefühl verantwortlich sind.

Russland hat eine Weltraumarmee – ist für den Kampf gegen Aliens aber noch nicht bereit.

Dieses Jahr haben wir gehört, dass Physiker belegen könnten, dass unser Universum nur eine Computersimulation ist. Das Team der Universität Bonn schrieb in seiner Abhandlung „Beschränkungen des Universums als numerische Simulation", dass die derzeitigen Simulationen des Universums – die es zwar gibt, die aber bisher äusserst schwach und von geringem Umfang sind – den physikalischen Gesetzen natürlich Grenzen setzen. Und diese Grenzen sind den tatsächlichen Grenzen in unserem Universum ziemlich ähnlich. Niemand ist bei dieser Erkenntnis völlig ausgeflippt. Oh doch, Moment – ungefähr 298.000 Menschen.

Roboter können den Rubik-Würfel in weniger als einer Sekunde lösen.

Was mich nicht umbringt,
bringt mich später um.

Take care meine lieben,
much Love healing.

Hilfe, mein
Kind hört Deutschrap.

I
refuse
to
sink.

Ob bewusst oder im Irrtum auf jeden fall hat das Reinigungs-Team richtig gehandelt. Die Menschheit verblödet sowieso langsam wenn es um Kunst geht. Denn Respekt vor geschaffener Kunst haben viele selbsternannte Künstler total verloren.

Vor vielen Jahren im Kunsthaus Aarau, Vernissage der Weihnachtsausstellung. Praktischerweise war da ein rotes, an die Wand geschraubtes Brett, gerade in der richtigen Höhe, um die Gläser darauf abzustellen. Was auch viele taten. Später sagte jemand, es sei ein Kunstwerk. Aber keine hörte hin, man hielt das wohl für einen Scherz. War es aber leider nicht.

Mir zwei lönds tschädere hüt Nacht

I bi us dä Ostschwiiz, Frauefeld, Herr weltwiit, Kris Brun

Please don't laugh,
control urself

SUVs sind das Endstadium der Evolution

Unerhört:
Twittern
ohne
Follower

Iggy, Waters & Sleaford Mods. Horror don't get much better.

52-Jähriger überfährt Reh mit E-Bike

A man met his doppelgänger on a flight – and took a selfie to celebrate the bizarre moment.

David Guetta has completed his racism coming out. So glad this has happened. What an arrogant prick. Bye.

Wer sind diese Kinder und warum sind die um diese Uhrzeit nicht schon im Bett?

Wer Hunger hat,
wird vernünftig.

Jeder dritte Buschauffeur fällt im Psycho-Test durch.

Fine ist zweieinhalb Jahre alt und mitten in der Trotzphase. Obwohl draussen Winter herrscht, möchte sie ihre Ballerinas anziehen. Doch die Mutter steckt Fines Füsse in warme Stiefel. Ein Drama.

In the midnight hour she cried- "more, more, more"
With a rebel yell she cried- "more, more, more"
In the midnight hour babe- "more, more, more"
With a rebel yell- "more, more, more"
More, more, more.

SHIT BUSINESS IS
SERIOUS BUSINESS

Rehab is for quitters!!

Having a smoking section in a restarunt is like haviung a peeing section in a pool.

Maske oder Schönheits-OP?

Jamaica
is calling you!
Peter

Hallo Frau und Herr

Lassen Sie mich Ihnen Herr Polakovac
Tibor bin ich insbesondere
Jamaika. Wohnhaft in Jamaika komme
ich von diesem Post mit Ihnen teilen
Mein Kredit-Angebote.

Ich bin zertifizierte Kreditgeber und ich
habe in diesem Bereich seit vielen
eine lange Zeit. Ich begann in diesem
Sektor unter Rat der
Finanzrahmen

Diesem Sektor erlaubt es mir jeder Zeit,
Menschen zu helfen
Notwendigkeit und die gute Verwaltung
der mein Kapital.

Ich gewährt Darlehen für jeden interessierten
an finanzieller Unterstützung.
Dies ist ein Darlehen zwischen einzelnen
mit sehr einfachen Bedingungen und
speziell für diese Tatsache einige

Vorkehrungen werden für die ordnungsgemässe
Durchführung des Verfahrens getroffen.
Mein Zinssatz über die Laufzeit des
Darlehens beträgt 3 % und die
Rückzahlung erfolgt monatlich

Wenn jederzeit Sie interessiert sind, kontaktieren
Sie mich per Mail: polakovac.tibor@hotmail.com

Frau schneuzt
zu heftig und
erblindet fast

Ein US-Soldat ging als Selbstmordattentäter auf eine Party und löste den Bombenalarm aus.

Nahe der Schweizer Grenze jagte ein Mann mit einer Kettensäge Passanten.

Was heisst hier Postmodern?
Das Bild sieht scheisse aus.

Studie deckt die zehn schlimmsten gewaltauslösenden, verschreibungspflichtigen Medikamente auf.

10. Desvenlafaxin (Pristiq) – ein Antidepressivum, das den Sertonin- und Noradrenalin-Stoffwechsel beeinflusst. Das Medikament wird 7,9 Mal häufiger mit Gewalt als andere Medikamente in Zusammenhang gebracht.

9. Venlafaxin (Effexor, USA / Efexor, Deutschland, CH, NL,UK) – ebenfalls ein Antidepressivum, das Angststörungen behandeln soll. Es wird 8,3 Mal häufiger mit Gewalt in Zusammenhang gebracht als andere Mittel.

8. Fluvoxamin (Luvox, USA / Fevarin, Deutschland / Floxyfral, Österreich, Schweiz), – ein selektiver Serotonin-Wiederaufnahmehemmer (SSRI), hier liegt die Wahrscheinlichkeit für Gewalt 8,4 Mal höher als normal.

7. Triazolam (Halcion) – ein Benzodiazepinderivat gegen Schlaflosigkeit, es wird 8,7 Mal häufiger mit Gewalt in Zusammenhang gebracht als andere Medikamente.

6. Atomoxetin (Strattera) – ein Medikament gegen ADHS, das neun Mal häufiger mit Gewalt in Zusammenhang gebracht wird als andere Medikamente.

5. Mefloquine (Lariam) – ein Mittel zur Malariabehandlung, hier liegt die Wahrscheinlichkeit für Gewalt 9,5 Mal höher als normal.

4. Amphetamin – Diese Medikamentengruppe gegen das ADHS wird 9,6 Mal häufiger mit Gewalt in Zusammenhang gebracht als andere Medikamente.

3. Paroxetin (Paxil, USA / Seroxal, Europa) – ein selektiver Serotonin-Wiederaufnahmehemmer (SSRI), hier liegt die Wahrscheinlichkeit für Gewalt 10,3 Mal höher als normal. Darüber hinaus wird der Wirkstoff mit schweren Entzugssymptomen und Geburtsschäden in Zusammenhang gebracht.

2. Fluoxetin (Prozac) – ein verbreiteter selektiver Serotonin-Wiederaufnahmehemmer (SSRI), hier liegt die Wahrscheinlichkeit für Gewalt 10,9 Mal höher als bei anderen Wirkstoffen.

1. Vareniclin (Chantix, USA/ Champix, Europa) – ein Medikament, das es leichter machen soll, mit dem Rauchen aufzuhören; allerdings wird es 18 Mal eher mit Gewalt in Zusammenhang gebracht als andere Wirkstoffe.

SINATRA INJECTED
WITH YOUTH SERUM

Patrick Swayze:
THE END

WAR PORN

"Schatzi, wir haben kein Brot mehr! Gehe doch bitte in den Supermarkt und kauf eins. Und wenn sie Eier haben, nimm 6!" Schatzi kommt zurück. Sie völlig erstaunt: "Warum hast du sechs Brote?" "Sie hatten Eier!"

Ein Mann geht in ein Restaurant. Der Kellner bringt ihm die Karte, und nach einem Meinungsaustausch über das Wetter fragt der Kellner:
„Wünschen Sie Kalbfleisch oder Schweinefleisch?"
„Wissen Sie", sagt der Gast, „ich bin Neurobiologe. Ich glaube nicht an den freien Willen. Ich werde einfach warten und sehen, was ich bestelle.

Jean-Paul Sartre sitzt in einem französischen Kaffee und korrigiert seinen Entwurf 'Das Sein und das Nichts'.
Er sagt zur Kellnerin, "Ich möchte eine Schale Kaffee, aber bitte ohne Sahne."
Die Kellnerin antwortet, "Monsieur, ich bin traurig, aber wir haben keine Sahne mehr. Wie wäre es mit einem Kaffee ohne Milch?"

Ein Sandwich ist besser als nichts.
Nichts ist besser als das ewige Glückseligkeit.
Ein Sandwich ist besser als ewige Glückseligkeit.

Geht Descartes in eine Bar. Der Barkeeper fragt ihn, ob er einen Drink möchte. Descartes antwortet 'Ich denke nicht' und verschwindet.

I imagine how you imagine I imagine you

You should always leave the party
10 minutes before you actually do.

Mein Herz schlägt vollkommen ruhig.

Brain-Building mit Meditation.

Das Mädchen ist krank und gehört in Behandlung.

Toughest job I ever had: selling doors, door to door.

I hate artist statements.
Really,
I do.

Kommt ne Kugel um die Ecke und schielt.

Billy Loomis: "Movies don't create psychos, movies make psychos more creative".

Regan "Your mother sucks cocks in hell"

Britney Spears: "I've never really wanted to go to Japan. Simply because I don't like eating fish. And I know that's very popular out there in Africa."

Boom, crush.
Night, losers.
Winning, duh.

Gott ist Sieger

Allahu
akbar

Scientology is the study of knowingness.
It increases one's knowingness, but if a man
were totally aware of what was going on
around him, he would find it relatively
simple to handle any outnesses in that.

Let me clarify this very definitely.
This is not an authoritarian organization.

In painting, you have unlimited power. You have the ability to move mountains. You can bend rivers. But when I get home, the only thing I have power over, is the garbage.

Oooh, if you have never been to Alaska, go there while it is still wild. My favorite uncle asked me if I wanted to go there, Uncle Sam. He said if you don't go, you're going to jail. That is how Uncle Sam asks you.

Ich bin ein Diplomat,
fasst mich nicht an!

Ich habe meine Ernährung umgestellt,
die Kekse stehen jetzt links vom Laptop.

Current observations suggest that the Universe is about 13.7 billion years old. We know that light takes time to travel, so that if we observe an object that is 13 billion light years away, then that light has been traveling towards us for 13 billion years. Essentially, we are seeing that object as it appeared 13 billion years ago.

With every year that passes, our newest technology enables us to see further and further back.

The image used for this stop on our journey is the Hubble Ultra Deep Field (UDF). The UDF is one of the deepest views of the visible universe to date; certainly it was the deepest when it was originally created in in 2003-2004. There are approximately 10,000 galaxies in this view, which is a sort of "core sample" of a very narrow patch of sky near the constellation Fornax. The smallest, reddest galaxies in the image, of which there are about 100, are among the most distant known objects!

Imagine your body as a potato. Now, imagine no gravity acting on that potato, and bingo: That's what space feels like.

Bob Ross was a Master Sergent in the US Airforce. He was required to be "mean and tough," to be "the guy who scream at you for being late to work." After 20 years he left the military and decided "he would never scream again." 3 years later he started "The Joy of Painting".

Congo, a chimpanzee who made over 400 paintings, would scream if a painting was taken away from him before he was finished.

Salvador Dali made a painting for the prisoners at Rikers Island in NYC that hung in the prisoner dining room for 15 years, when it was moved to the prison lobby for 'safekeeping'. In 2003, three prison guards and a warden stole the painting.

Breakthrough Listen is a ten-year $100-million initiative by Russian tycoon Yuri Milner to search for intelligent extraterrestrial life in the Universe. It is part of Milner's Breakthrough Initiatives, and was announced alongside Breakthrough Message. It has been described as the most comprehensive search for alien communications to date.

Prior to the first nuclear bomb detonation in July of 1945, isotopes such as strontium-90 and cesium-137 simply did not exist in nature. Pieces of art and bottles of wine created before 1945 can be tested for cesium, if they contain traces of cesium they would almost certainly be fake.

Marina de Tommaso, Michele Sardaro and Paolo Livrea won this year's Ig Nobel Prize for measuring the relative pain people suffer while looking at an ugly painting, rather than a pretty painting, while being shot (in the hand) by a powerful laser beam. Here are more scientific findings that won the highest honors at the 24th annual Ig Nobel Prize ceremony.

Vincent van Gogh painted
"Starry Night" while he
was in an insane asylum.

Der Schimpanse Congo (geboren 1954; gestorben 1964) malte im Alter von zwei bis vier Jahren in Experimenten des britischen Verhaltensforschers und Künstlers Desmond Morris gut 400 Bilder im abstrakten Stil. Der Affe erhielt lediglich Zeichenmaterial, er wurde nicht angeleitet. Congo starb im Alter von 10 Jahren an Tuberkulose.

Hintergrund
Die Malexperimente mit Congo stehen in einer Reihe mit anderen verhaltensbiologischen Versuchen, in denen man seit Anfang des 20. Jahrhunderts die physiologischen Grundlagen der künstlerischen Betätigung erforschte. Bereits im Jahre 1913 hatte Nadia Kohts in Moskau erstmals solche Versuche mit Schimpansen angestellt. Die Bilder, die dabei entstanden, waren den Zeichnungen, die ihr zweijähriger Sohn gemacht hatte, sehr ähnlich. Sie führte diese Versuche auch in den

1920er Jahren fort. Weitere vergleichende Studien führte Winthrop N. Kellogg in den 1930er Jahren durch; sie wurden in dem Werk The Ape and the Child publiziert.

Rezeption

Die Bilder, die Congo mit Farben und Pinseln malte, wurden von den Zeitgenossen als der abstrakten Malerei ähnlich beurteilt. Man verglich sie mit der Technik des Action Painting von Jackson Pollock und mit dem Tachismus der 1940er Jahre. Desmond Morris selbst schrieb: „Heute haben der letzte Affe und der moderne Mensch das gleiche Interesse an der Herstellung von Bildern, man könnte sogar behaupten: Wenn ein zeitgenössischer Künstler ein Bild malt, hat er dafür kaum wesentlichere Gründe als ein Schimpanse." Andere sprachen von einem „Cézanne der Affenwelt". Die Bilder wurden erstmals 1957 in einer Ausstellung am Institute of Contemporary Arts in London öffentlich gezeigt. Eine weitere Ausstellung fand in der Kölner Galerie Zwirner statt.

Congos Gemälde stiessen damals noch überwiegend auf Hohn und Ablehnung, obwohl sie teilweise verkauft worden waren, unter anderem an Herbert Read, Julian Huxley und Pablo Picasso

Gut vierzig Jahre nach Congos Tod, im Juni 2005, wurden im Londoner Auktionshaus Bonhams drei seiner Gemälde, die zuvor zwischen 600 und 800 Pfund geschätzt worden waren, für 14.400 Pfund (damals 21.515 Euro) von dem amerikanischen Sammler Howard Hong ersteigert, der sich selbst als „Liebhaber moderner und zeitgenössischer Malerei" bezeichnet hatte.

Bored to Death: Chronically Bored People Exhibit Higher Risk-Taking Behavior

ANOTHER STUPID EXHIBITION WITH A TITLE IN ENGLISH

I Will Not Make Any More Boring Art
1971

I READ,
I WENT,
I MET

I GOT UP AT, I AM STILL ALIVE

You Were Born to Write: Complete Your Book in 30 Days or Less by Mastering the Inner Game of Writing

Zen in the Art of Writing

Hallo Beni Bischof
ich habe in der Ausstellung ein Lasermagazin gesehen dass ich gerne bestellen würde. nummer weiss ich nicht mehr aber der inhalt sind alles typos von Fuck You.
könnt ich so eins bestellen?
lieber gruss Pablo

Die Vagina ist in der Sprache
unterrepräsentiert.

Die USA haben sich gerade zum Besitzer des Weltraums erklärt.

Seit fast 50 Jahren herrscht internationaler Konsens darüber, dass keine Nation Anspruch auf das Weltall erheben kann. Ein neues US-Gesetz stellt das nun infrage: Es erklärt die USA faktisch zum Schürfrechte-Verwalter.

39% of Bob Ross' paintings contain an almighty mountain, 44% contain at least one happy cloud, and 18% feature a charming little cabin.

At the 1900 Paris Olympics, the winners received valuable works of art instead of gold medals.

With a little advance planning, parents can have a lifelong memento of their child's birth (aside from their child, of course): A print made from the placenta. The placenta prints are made by taking the placenta after birth and placing it, along with the umbilical cord, on acid-free paper. The result is a work of art that looks something like a tree, which makes sense as the placenta is sometimes referred to as the "Tree of Life." Once the print has dried, families can frame and display it as a conversation starter or keep it tucked away as a personal keepsake.

The artist Man Ray created an object in 1923 called Object To Be Destroyed. It survived until 1957 when a group of nihilists stole it from an exhibition and shot it. Man Ray used the resulting insurance payout to make a group of 100 replicas, called Indestructible Object.

The first known musical road, the Asphaltophone, was created in October 1995 in Denmark, by two Danish artists. The Asphaltophone is made from a series of raised pavement markers, spaced out at intermittent intervals so that as a vehicle drives over the markers, the vibrations caused by the wheels can be heard inside the car.

The deep and ominous hum that rises through the subway grate at 45th/Broadway in Times Square, which many would assume is owed to a generator or some other NYC Transit equipment, is in fact an art installation by sound artist Max Neuhaus. It has been in operation, on and off, since 1977.

in 2005, an artist bought the fat from Silvio Berlusconi's liposuction and made a soap out of it that then got sold for $18,000.

If you watch a horror movie before you view abstract art, you will enjoy the art more.

A crocodile can't stick it's tongue out.

People say "Bless you" when you sneeze because when you sneeze,your heart stops for a mili-second.

In a study of 200,000 ostriches over a period of 80 years, no one reported a single case where an ostrich buried its head in the sand.

Ich bin so gut drauf
Ich könnte kotzen!

Hi,
mein dümmster Traum war bis jetzt das ich aus nem Zug aussteig um eine Tür weiter vorne gleich wieder einzusteigen.

If you keep your eyes open by force when you sneeze, you might pop an eyeball out.

Wearing headphones for just an hour will increase the bacteria in your ear by 700 times.

The cigarette lighter was invented before the match.

A duck's
quack doesn't echo,
and no one
knows why.

23% of all photocopier faults worldwide are caused by people sitting on them and photocopying their butts.

In the course of an average lifetime you will, while sleeping, eat 70 assorted insects and 10 spiders.

In the Durango desert, in Mexico, there's a creepy spot called the "Zone of Silence." You can't pick up clear TV or radio signals. And locals say fireballs sometimes appear in the sky.

What it sounds like at the Max Neuhaus sound installation at 46th and Broadway in Times Square, NYC.

Bei dieser Affenhitze kriegt man ja kalte Füsse!

Wenn ich auch im Finstern sitze, so ist doch der Herr mein Licht.

Our perception of space depends as much
on what we hear as on what we see.

So nen komischer Typ behauptet ein Kreis hätte unendlich Ecken. Stimmt das? Hat ein Kreis wirklich Ecken???

Welche Pizza sind Sie?

Kann durch die richtige Beleuchtung die hässlichste Person hübsch sein?

THE PROBLEM PERSPECTIVE

Dieter Roth: Staying Fresh

Der Vorsitzende einer Wiener Staatsprüfungskommission pflegte zu sagen: "Wenn ein Kandidat auf die Frage »Wieviele Finger haben Sie?« mit der Antwort »siebzehn« reagiert, dann lass ich ihn noch durch. Aber wenn er die Frage mit »blau« beantwortet, dann denke ich mir nachher oft, dass er eigentlich hätte durchfallen sollen.

Wer schützt uns eigentlich vor der gerade vorherschenden Vernunft?

Ich wollte Maler werden
und wurde Picasso.

Das Blöde am Leben ist,
dass auch Arschlöcher
mitmachen dürfen...!

Wir machen alles
entweder übermorgen
oder später
oder überhaupt nicht

Dumme Menschen haben den Vorteil, dass sie abends nicht Gefahr laufen, noch über irgendwas blödes nachzudenken. Die schlafen einfach los.

Ich liege jetzt seit gestern Abend in der Badewanne voll Pril, aber bis jetzt hat sich noch kein Fett gelöst.

Du bist nicht dumm
du hast nur
Pech beim denken.

Du verschönerst jeden Raum beim Verlassen.

Ich bin super im Bett.
Moment.
Super, ich bin im Bett.

Das Universum ist eine Simulation

Stumme Schreie, spitze Striche: Kunst aus der Todeszelle.

Wer im Glashaus sitzt, hat immer frische Gurken!

Hat das nicht Zeit bis ich in Rente gehe?

Meine Konzentration Ist So Kurz Das…
Oh Guck Mal… Ein Vogel

Hier kann jeder
machen was ich will.

Männer haben auch Gefühle! Hunger zum Beispiel und Durst!

Ich bremse nur zum Kotzen!

Und kauf' mir was gegen Halsschmerzen.
Schuhe oder so.

Wo Kuchen ist,
da ist auch Hoffnung.

Aus Langeweile hätte ich gerade fast gearbeitet. Man muss aber auch echt aufpassen!

Meine Haare werden dünner, ich glaube, die Diät schlägt an!

Ich bin heute irgendwie mit dem falschen Wein aufgestanden.

Schau mir in die Augen
und ich werde dein Herz öffnen.

Stehen 2 Schornsteinfeger auf dem Dach, fragt der eine: „Soll ich dich runterschmeissen?“ Sagt der andere: „Nein!“

Sound travels 15 times faster through steel than through the air.

Banging your head against a wall uses 150 calories a hour.

Falling from height & get chased by some one are the most common dream

Moin
ich hatte gerade den dümmsten traum aller zeiten:
zuerst hab ich eine wand rot angemalt. aber plötzlich war die wand wieder grün und ich musste von vorne anfange, hatte aber nur noch blaue farbe. die wand war dann trotzdem rot.
dann hatte ich urplötzlich ne freundin, die eine sekunde nachdem wir zusammen waren fremd gegangen ist. deshalb habe ich in einem Shaco Kostüm auf dem Schulhof im Sommer einen hand bzw einhandstand auf einem stab gemacht (wie Sekora) dann kam ein kleiner junge und hat den stock weggetreten und ich landete auf dem dach der schule im schnee. daraufhin bin ich zum jungen gelaufen und habe ihn ins gesicht getreten mit lee sins ulti. doch der junge war ich! dann bin ich aufgewacht...

Wenn einer diesen traum deuten kann, nur raus damit, denn ich sehe den sinn darin nicht.

Naja, eigentlich sind alle Träume kuhl, ein schlechtester fällt mir spontan nicht ein.
Allerdings war der heute etwas langweilig:
Der Jahrmarkt ist von Zombies umstellt und.....es passiert nichts.
Hätten die nicht wenigstens angreifen können oder so?
Ausserdem war er danach noch extrem zusammenhangslos was auch etwas genervt hat.

Also meiner war überhaupt mein erster Traum an dem ich mich erinnern kann. Meine Mutter las mir ein Buch über Hexen vor es gefiel mir auch ,aber im Dunklen hatte ich dann Angst alleine. Ich träumte dann von der Hexe die man auf dem Einband sah aber es war keine Umgebung alles war Schwarz und daher konnt ich mich nicht verstecken ich versuchte meine Augen auf zu machen was dann auch klappte und wachte auf. Naja irgendwie noch schlimmer als die Hexe war das Gefühl nicht fliehen zu können.

Mein schlechtester Traum war als ich geträumt habe meine Schafe währen ausgebüchst (ich hatte wirklich mal Schafe). Ich ging zu einer Wiese wo ein Schaf von mir neben einen Pferd stand. Ein Mann sagt mir das ich nicht auf die Wiese darf. Ich rannte nach hause weil ich so ein Angstgefühl hatte. Ich rannte dann durch meine offene Haustür und setze mich vorm Fernseher und kuckte Fernsehen.

Ich gehe auf einem Schachbrett spazieren und fühle mich sehr einsam...
Plötzlich erscheint vor mir ein Spiegel und wenn ich hineinschaue, sehe ich eine gestalt (ich konnte sie nie zuordnen) neben mir stehen. Plötzlich geht sie weg und ich schreie ihr nasch sie solle doch stehen bleiben ..
Sie verschwindet ganz. Da fange ich an zu weinen und meine Tränen werden immer grösser und irgendwann ertrinke ich darin.
Da bin ich immer aufgewacht *puh*

Den Traum hab ich immer 4-5 Mal im Jahr. Seltsam.

Muss ich heute wieder machen was ich will?

Der Wodka brennt in der Kehle.
Is aber gar kein Brandy.

Einmal hab ich geträumt dass ich zaubern könnte wie sabrina ausm tv...und das erste was ich mir hergezaubert hab waren KFC hotwings...

Mein dümmster Traum war vor etwa 4 Jahren und ich weiss ihn immernoch:
Also, eine böse Hexe überfällt unsere Stadt und zieht sie in einen Bann. Doch in letzter Sekunde kommt der Prinz von England (ich weiss nicht mehr, Harry oder William) und rettet mich!

Ich hab frueher immer, wenn ich Fieber hatte, den gleichen Traum gehabt: Der war in schwarz-weiss (!!), hatte irgendwas mit nem gespannten Seil und Kugeln zu tun. War irgendsowas wie ein Geschicklichkeitsspiel. Das hab ich immer verloren und deswegen musste ich sterben.

Ich finde du bist hässig.
Nicht ich.

POINT
REALTY

Bei dem Goat Simulator handelt es sich um das neueste Spiel der Ziegensimulationstechnologie. Es bringt dir die neueste Generation an Ziegensimulation nach HAUSE. Du musst dir nicht länger vorstellen, wie es wäre, eine Ziege zu sein.
Deine Träume werden endlich Wirklichkeit!

Im Goat Simulator geht es darum, so viel wie möglich Zerstörung anzurichten, wie eine Ziege nur irgendmöglich anrichten kann. Es wurde mit einem Oldschool-Skater-Spiel verglichen.
Nur statt eines Skaters, bist du eine Ziege, und anstatt Tricks zu zeigen, versuchst du, alles kaputtzumachen. Wenn es um Ziegen geht, dann ist nicht einmal der Himmel die Grenze, da du wahrscheinlich einfach durch und somit das Spiel crashen kannst.

Haftungsausschluss: Der Goat Simulator ist ein vollkommen bescheuertes Spiel und ehrlichgesagt solltest du dein Geld wahrscheinlich für etwas Sinnvolleres ausgeben, wie beispielsweise einem Hula-Hoop-Reifen, einen Schutthaufen oder du könntest gemeinsam mit deinen Freunden einfach eine richtige Ziege kaufen.

Die wesentlichen Features
* Du wirst zu einer Ziege
* Erhalte Punkte dafür, dass du alles kaputt machst und beweise deinen Freunden, dass du die Alpha-Ziege bist
* MILLIONEN AN BUGS! Wir arbeiten lediglich an den Crash-Bugs. Alles andere ist zum Schreien komisch, weshalb wir es einfach behalten
* Spielinterne Eigenschaften, die ständig für Chaos sorgen
* Echt jetzt, guck dir mal den Hals der Ziege an
* Du kannst eine Ziege sein

Wet n Wild
Schminkset ab 14.90

Print
isn't dead.

At the end of the day it's
not the end of the world.

Don't become the
mess that surrounds you.

Faustus
Reissfeste Studienqualität
Tear proof studies quality

Herrn Benni Bischohof

ARTISTS AGAINST SKULL ART
UNITE
CALL ME
118 398 0012

Stressed spelled backwards is dessert

TRENDY is the last stage before TACKY.

eat
sleep
play
repeat

So dreckig töten die Drohnen der USA

are you sure?
to move you cursor

Congratulations. You are pregnant

ALL YOU CAN EAT BUFFET
NOT MEAN ALL DAY BUFFET
YOU NO COME STAY 4 HOUR
YOU EAT - YOU GO HOME

Was würde ein Protestant dazu sagen?
Danke, Martin Luther!

My paintings are wiser than I am.

We know Money

I haven't spoken to my wife in 18 months.
I don't like to interrupt her.

If something "goes without saying,"
why do people still say it?

The Taos Hum

No one is quite sure where the sound known as the Taos Hum is coming from, or how it is created. Many people over the years have heard a humming sound of a diesel engine coming on the horizon in the town of Taos, New Mexico. Although many claim to hear this disorienting drone that causes sleeplessness, nausea, headaches, dizziness, and nosebleeds in the multitudes who have heard the irritating sound, specialized sound detection machines have not been able to pick up any kind of sound described.

absolut jensiits! control dem deckelöffners

Halluzinationen, Sinnestäuschungen oder Trugwahrnehmungen gehören zu den spektakulärsten seelischen Symptomen. Dabei gilt es zahlreiche Formen zu unterscheiden, je nach krankhaftem Sehen, Hören, Schmecken, Riechen und Fühlen. Halluzinationen sind aber nicht nur bei schizophrenen Psychosen möglich, sondern auch bei einer Reihe weiterer seelischer und sogar körperlicher Erkrankungen. Nachfolgend deshalb eine komprimierte Übersicht zu diesem für die Betroffenen und ihr Umfeld überaus belastenden Phänomen. Der Halluzinierende ist oft völlig von seinen Halluzinationen in Anspruch genommen. Zudem sind die meisten Halluzinationen beängstigend bis Todesangst auslösend. Der Betroffene zeigt also oft absolut panische Reaktionen, bevor man bemerkt, dass er eine veränderte Wahrnehmung der Realität hat.

Häufig sind Betroffene nicht mehr in der Lage, einen "normalen Kontakt" zur Umwelt zu haben. Sie sind offensichtlich verängstigt, verstecken sich unter Decken oder Betten, rennen weg, schreien. Bei normaler Kontaktaufnahme reagieren sie oft ablehnend bis aggressiv. Halluzinationen werden als absolute Gewissheit empfunden. Eine Diskrepanz zur "objektiven Realität" nehmen die Betroffenen nicht wahr.

Morgen werde ich mich ändern; gestern wollte ich es heute schon.

Die Wirkung der Pilze ähnelt jener von LSD, ist aber von kürzerer Dauer. Generell ist eine Veränderung der Wahrnehmung und des Bewusstseins zu beobachten. Wie bei vielen psychedelischen Drogen sind die Effekte sehr individuell und können bei unterschiedlichen Konsumenten unterschiedlichste Effekte hervorrufen. Verfassung des Konsumenten, Umgebung (Set und Setting) sowie die Dosis sind von entscheidender Bedeutung. Die Wirkung tritt etwa 10 bis 120 Minuten nach der Einnahme auf, erreicht ihren Höhepunkt nach 1,5–3 Stunden und dauert etwa 3–8 Stunden. In seltenen Fällen kann die Wirkung länger andauern. Durch die Veränderung der Zeitwahrnehmung kann sie länger erscheinen.

Bravo. Das ist echter investigativer Journalismus. Ich mag den wohlfühl Auslandkorrespondenz-Journalismus aus dem sicheren 5 Stern Hotel heraus nichts abgewinnen.

Mephedron, auch bekannt unter 4-Methylmethcathinon (4-MMC), ist eine psychoaktive Substanz und gehört innerhalb der Gruppe der Amphetamine zu den Cathinon-Derivaten. Bei der Einnahme durch den Menschen wirkt es stimulierend und stark entaktogen. Mephedron war ein Hauptbestandteil der sogenannten Badesalzdrogen oder Legal Highs.

Amphetamin (alpha-Methylphenethylamin), auch Phenylisopropylamin oder Amfetamin genannt, ist eine vollsynthetisch hergestellte Substanz aus der Stoffgruppe der Amphetamine. Sie findet derzeit in der Pharmazie als Arzneistoff zur Behandlung der Aufmerksamkeitsdefizit-/Hyperaktivitätsstörung (ADHS) sowie Narkolepsie Verwendung. Amphetamin wirkt stark stimulierend bzw. aufputschend, wie alle Amphetamine und die meisten Stimulanzien appetitzügelnd und euphorisierend und ist insbesondere in der Drogenszene unter Bezeichnungen wie Speed oder Pep(p) weit verbreitet.

MORALIZE THE MASSES

Insurance Is Fun

(Ein Mann behauptet:) „Ich lüge gerade."

Wenn dieser Satz wahr ist,
dann ist der Mond aus grünem Käse.

A compulsive art vandal named Hans-Joachim Bohlmann caused almost $190 million worth of damage over his lifetime by attacking famous works of art .

The female lion does ninety percent of the hunting.

There are no clocks in Las Vegas gambling casinos.

I'd be straight
on to yelp

Ihr glaubt an
Selbstverwirklichung
und Wellness.

Jack- "Wendy, darling, light of my life, I'm not gonna hurt you"

Hört auf mit dem Jammern, nehmt es sportlich.
Kommt aus der Sauna,und stellt das Dampfbad ab.
Verdammte Wellness.

Bermuda Triangle

The vast section of the Atlantic Ocean between Miami, Bermuda, and Puerto Rico is known as the Bermuda Triangle. Stories of pilots losing control of their instruments, ships disappearing, and gas bubbles from aliens reach the population yearly. Although these stories exist, no one knows the true cause of these mysterious stories.

The Lost City of Atlantis

The Lost City of Atlantis is famous as Neptune's city, full of mermaids and mermen. However Plato, a famous philosopher and mathematician in Classical Greece has made reference to the existence of Atlantis in two of his dialogues: Timaeus and Critias. Since Plato describes Atlantis as an active city, it is believed to have sunk to the bottom of the ocean, leaving much speculation as to whether the city truly exists or not.

Chupacabra

Chupacabra stories originated in Puerto Rico as a result of Latin American's believing that secret U.S. government experiments brought an unholy creature to prey on their livestock and other animals such as cats, rabbits, dogs, and chickens. The multitudes of stories vary, but the average description of this unholy creature is that it's about 5 feet tall with short legs and has red, glowing eyes. The sightings of this mysterious creature even occur further north in Texas and New Mexico.

The Jersey Devil

The Jersey Devil is one of the mysterious stories that have been around for more than a century. Described as looking like a kangaroo demon, this monster is very rarely seen today. However in 1909, within the Pine Barrens, the Jersey Devil was reported several times throughout one week. This was a week of panic for the locals who closed schools and remained in their homes. Many policemen and firefighters are reported to have seen this demon with their own eyes.

Creepy Gnome

The creepy mystery of the creepy gnome began in 2008 when a local man was filming him and his friends discussing their last fishing trip. As they were talking, they heard a cracking and crashing sound that caused them to stir. As they began to look more closely at what they thought was a dog moving through the weeds, they quickly realized that it was a gnome. After sharing this news with the local newspaper, many other locals came out with their admittances to see the gnome themselves.

Chupas

Mainly seen in the eastern forests of Brazil at night, these UFOs are described as being small metal discs that fly above the treetops making a constant humming sound. Many of the hunters, who are out hunting for their food, have claimed that these chupas hunt them. When one is spotted it emits a bright light which causes severe pain for days and years. Some even claimed the death of a friend or loved one by the beam emitted by one of these chupas.

Mona Lisa was painted with eyebrows and eyelashes, but they disappeared over time, possibly the result of over-cleaning.

I recently asked a student where his homework was. He replied, "It's still in my pencil.

Caution, may be disturbing to some individuals!
Discretion is advised!

Am I dying or is this my birthday?

I can't
sleep.

Is everybody happy?
I want everybody to be happy.
I know I'm happy.

Friends applaud, the comedy is finished.

For a good thyme call
(919) 403-9992

I'm bored with it all.

I must go in, the fog is rising.

I die hard
but am not afraid to go.

Curtain!
Fast music!
Light! Ready for the last finale!
Great!
The show looks good,
the show looks good!

Well, gentlemen, you are about to see a baked Appel.
Executed in electric chair in New York.
George Appel, d. 1928

I am going to be face to face with Jesus now. . . . I love you all very much. I will see you all when you get there. . . . I will wait for you.
Executed by injection, Texas.
Karla Faye Tucker Brown, d. February 3, 1998

Take a step forward, lads. It will be easier that way.
Executed by firing squad.
Erskine Childers, Irish patriot, d. November 24, 1922

Thank you for the change in my life you have given me, the love and closeness of my family and my beautiful daughter. Thank you for using me...
Executed by injection, Texas.
John Cockrum, d. September 30, 1997

You sons of bitches. Give my love to Mother.
Executed in electric chair.
Francis "Two Gun" Crowley, d. 1931

I'm going home, babe.
Executed by injection, Delaware.
James Allen Red Dog, d. March 3, 1993

Justin Bieber threw up on stage and continued performing. Adele got throat cancer and cancelled her tour. Who's a better artist?

Immer dasselbe. Jay-Z ist in den Ferien
und ich muss arbeiten.

Hurrah for anarchy!
This is the happiest moment of my life.
Last words on the gallows.

I'd rather be fishing.
Executed in electric chair, Louisiana.
Jimmy Glass, d. June 12, 1987

I love you.
Spoken to the executioner.
Executed by injection, New York.
Sean Flannagan, d. June 23, 1989

How about this for a
headline for tomorrow's paper?
French fries.
Executed in electric chair in Oklahoma.
James French, d. 1966

I'd like to thank my family for loving me and taking care of me. And the rest of the world can kiss my ass.
Executed by injection, Texas.
Johnny Frank Garrett, Sr., d. February 11, 1992

Let's do it!
Executed by firing squad, Utah.
Gary Gilmore, d. January 17, 1977

I did not get my Spaghetti-O's,
I got spaghetti. I want the press to know this.
Executed by injection, Oklahoma.
Thomas J. Grasso, d. March 20, 1995

Lock and load.
Let's do it.
Executed by injection, Texas.
G. W. Green, d. November 12, 1991

Farewell, my children, forever. I go to your Father.
Executed by guillotine.

Monsieur, I beg your pardon.
Spoken to the executioner, after she
stepped on his foot.
Marie Antoinette, Queen of France,
d. October 16, 1793

I feel certain that I'm going mad again. I feel we can't go thru another of those terrible times. And I shan't recover this time. I begin to hear voices.

The act of taking my own life is not something I am doing without a lot of thought. I don't believe that people should take their own lives without deep and thoughtful reflection over a considerable period of time. I do believe strongly, however, that the right to do so is one of the most fundamental rights that anyone in a free society should have. For me much of the world makes no sense, but my feelings about what I am doing ring loud and clear to an inner ear and a place where there is no self, only calm. Love always, Wendy.

Ja. Ascension wird zu den Meilensteinen des Free Jazz gezählt; viele Kritiker halten das Album für John Coltranes wichtigste Aufnahme neben A Love Supreme von 1964. Hier wird zum ersten Mal die grossorchestrale Darstellungsweise im freien Jazz richtungsweise erprobt.

House?
Techno?
Dubstep?
Ich kenne mich aus!

Prinz Pi im Interview:
“Indierock ist dumm”

Operation Gladio

Silendo Libertatem Servo
Durch Schweigen bewahre ich die Freiheit

Freddy Krueger " Hey Nancy, no running in the hallways"

Posaunist 1: Hallo. Heute schön gefrühstückt?
Posaunist 2: Ne, noch keinen tropfen!

Er stürtzt sich von seinen Plateauschuhen!

Warum kann man mit DJ’s so schlecht telefonieren?
Weil die immer auflegen!

Anarchist mit Luxus-Jacke zündet Auto an

Private Securitys machen Milliarden-Umsatz

Ben Franklin wrote an essay about farting.

In every episode of Seinfeld there is a Superman somewhere.

Pendler haben weniger Kinder

In der schweiz ist aber wirklich alles verboten.
Langweilliges Land !!
Fehlt nur noch der James Blunt hier...

Das ist der ganze Jammer: Die Dummen sind so sicher und die Gescheiten so voller Zweifel.

It is only when I lose contact with the painting that the result is a mess. Otherwise there is pure harmony, an easy give and take, and the painting comes out well.

Painting is self-discovery.
Every good artist paints what he is.

My painting does not come from the easel.

Ein Kopf
denkt
nie allein.

Lache nie über die
Dummheit der anderen.
Sie ist deine Chance.

very nice
für dein nächstes buch vielleicht.
sollen wir mal die Sache in berlin angehen,
alle sind bereit.
und mein cover für die single ist nicht ready
lets do it

lg
hell

Jo Mami äs isch scho chli heiss do.

I have a terrific headache.

1988 hat die internationale Headache Society (IHS) die verschiedenen Formen von Kopfschmerzen verbindlich klassifiziert und die entsprechenden diagnostischen Kriterien zusammengestellt.
Es wird zwischen primären Kopfschmerzen (als eigenständige Erkrankung)und sekundären Kopfschmerzen (als Folge von anderen Erkrankungen) unterschieden.

international
Headache
Society (IHS)

Tritt ein Kopfschmerz mit dem klinischen Bild eines Kopfschmerzes vom Spannungstyp in engem zeitlichen Zusammenhang mit einer anderen Erkrankung auf, die als Ursache von Kopfschmerzen angesehen wird, sollte der Kopfschmerz entsprechend der ursächlichen Erkrankung als sekundärer Kopfschmerz kodiert werden. Wenn sich aber ein vorbestehender Kopfschmerz vom Spannungstyp in engem zeitlichen Zusammenhang mit einer Erkrankung, die als Ursache von Kopfschmerzen angesehen wird, verschlechtert, ergeben sich zwei Möglichkeiten, die ein Abwägen erfordern. Der Patient kann entweder ausschliesslich die Diagnose eines Kopfschmerzes vom Spannungstyp erhalten oder aber die Diagnose eines Kopfschmerzes vom Spannungstyp und eines sekundären Kopfschmerzes entsprechend der anderen Erkrankung. Letzteres Vorgehen empfiehlt sich bei Vorliegen folgender Punkte: Es besteht ein unmittelbarer zeitlicher Zusammenhang zur angenommenen ursächlichen Erkrankung; der Kopfschmerz vom Spannungstyp hat sich deutlich verschlechtert; es bestehen sehr gute Hinweise, dass die betreffende Erkrankung Kopfschmerzen vom Spannungstyp hervorrufen oder verschlimmern kann und nach Ende der angenommenen ursächlichen Erkrankung kommt es zum Verschwinden oder zumindest zur deutlichen Besserung des Kopfschmerzes vom Spannungstyp.

I FIND 'FACTS' INTERESTING

Melville's Moby Dick, Gogol, a few of Borges and Bioy Casares stories, Machado de Assis's O Alienista, Friedrich Dürrenmatt (his novel The Trapp is more kafkanesque than anything Kafka ever wrote), some of Nabokov, Orwell 1984, Bradbury Fahrenheit...

Kafka,
Kishon,
Konsalik

Almost blue
Almost doing things we used to do
There's a girl here and she's almost you
Almost
All the things that your eyes once promised
I see in hers too
Now your eyes are red from crying

Almost blue
Flirting with this disaster became me
It named me as the fool who only aimed to be
Almost blue
It's almost touching
It will almost do
There is part of me that's always true
Always
Not all good things come to an end
Now it is only a chosen few
I have seen such an unhappy couple

Almost me
Almost you
Almost blue

Warum stehen 17 Blondinen vor dem Kino und gehen nicht rein?

Die lächerliche Finsternis

Im klassischen Hollywood-Kino wird Musik meistens eingesetzt, um die emotionale oder narrative Bedeutung einer Szene zu unterstützen. Die Musik verstärkt dadurch den Effekt der Szene auf den Zuschauer und bestätigt ihn in seiner Interpretation des Gesehenen. So wird sichergestellt, dass bestimmte Informationen eindeutig den Rezipienten erreichen. Es handelt sich hierbei natürlich um einen rein theoretischen Idealfall, der selbst in jenen Filmen, die streng den ästhetischen Vorstellungen des klassischen Hollywood-Kinos folgen, niemals eintritt. Musik schafft – wie Worte, Licht, Bildkomposition und Schauspiel – selbst Bedeutung, umso mehr wenn es sich um präexistente, also nicht eigens für den Film komponierte, Musik handelt. Die möglichen Konnotationen, die ein Zuschauer zur Musik haben kann, werden enorm vervielfacht, wenn es sich um ein Musikstück handelt, das dem Zuschauer andernorts bereits untergekommen ist. In vielen Filmen wird bei der Auswahl der Musik ebendiese Tatsache berücksichtigt, sodass bestimmte Musikstücke zu ambivalenten Reaktionen beim Zuschauer führen und als mehrfache Referenz verstanden werden können.

Man könnte diesen Prozess an vielen verschiedenen Beispielen verdeutlichen, aber das wohl bekannteste lässt sich im Präludium zum dritten Akt von Richard Wagners Walküre (komponiert 1852-56) finden, das häufig mit dem Titel Der Ritt der Walküren bezeichnet wird.

Die Walküre ist der zweite Teil des vierteiligen Opernzyklus Der Ring des Nibelungen, in dem die Handlung der Nibelungensaga, vermischt mit verschiedenen Figuren und Geschichten der nordischen Mythologie frei nacherzählt wird. Die Walküre handelt von der Walküre

Brünnhilde, die durch Ungehorsam bei den Göttern in Ungnade fällt und daraufhin aus dem Göttersitz Walhall verbannt wird. In der ersten Szene des dritten Aktes treffen sich Brünnhildes acht Schwestern – ebenfalls Walküren – auf einem Felsen, berichten von ihren Erlebnissen und warten auf die säumige Schwester. Der Ritt der Walküren – ein zunächst rein instrumentales Stück – leitet diese Szene ein und illustriert die Ankunft der acht Schwestern auf ihren fliegenden Rössern.

Sehen Sie hier historische Polizeifotos aus der RAF-Hochzeit, die der Konzeptkünstler Jochem Hendricks zusammengestellt hat.

Demonstranten grüssen die Polizei auf ihre Art: 13. August 1978, Frankfurt.

Darkness. Distant sounds of freeway traffic. Then the closer sound of a car - its headlights illumine an oleander bush and the limbs of an Eucalyptus tree. Then the headlights turn - a street sign is suddenly brightly lit. The words on the sign read... "Mulholland Drive." The car moves under the sign as it turns and the words fall once again into darkness.

Today
Is A
Good Day
For A
Good Day

OBAMA
Ain't the
only one
who wants
CHANGE

KINDNESS
IS
KARMA
Anything Helps
Thanx

What an $8B nuclear bomb upgrade looks like

Die Zeitbombe wird mittels eines zeitgesteuerten Zünders zu einem bestimmten Zeitpunkt zur Explosion gebracht.

Remember, the death penalty is murder.
Executed by injection, Texas.
Robert Drew, d. August 2, 1994

I love you, mom.
Executed by injection, Texas.
Clarence Lackey, d. May 20, 1997

Girls: what does it mean if a girl says kkk alot in text? When a girl says "kkk" its basically like saying ok ok ok like if she is annoyed and she would say "kkk" because it's shorter then puttin ok ok ok over and over. I hope I helped!

Small Town Style,
Big City Services.

Gay bomb
The "halitosis bomb" and "gay bomb" are informal names for two theoretical non-lethal chemical weapons that a United States Air Force research laboratory speculated about producing; the theories involve discharging female sex pheromones over enemy forces in order to make them sexually attracted to each other.

Body odors
Body odor remote-engineering, such as halitosis and hyperhidrosis, was another possibility discussed. Again, these effects would be produced by a non-lethal chemical weapon—possibly one that would affect the hormonal and digestive systems. It appears that a 'heavy sweating bomb', 'flatulence bomb' and 'halitosis bomb' were also considered by a committee at the time. The plan was to make an enemy so smelly they could be quite literally sniffed out of hiding by their opponents. It was also considered fairly damaging to the enemy's morale.

I love Halloween. It's the
only time I can wear my KKK
outfit and get away with it.

Is There a Way to See into the Future and Control Your Own Destiny?

The Denver International Airport is filled with strange and provocative art and has many peculiar design characteristics, leading many people to believe the architects were leaving clues to warn of some future tragedy.

Rats multiply so quickly that in 18 months, two rats could have over a million descendants.

Your actions have consequences. They create a ripple in the universe. Karma is the invisible power that teaches you. Your life today is just a reflection of your past. You created your destiny. Is your fate now sealed?

The definition of karma? For every action there will always be a reaction. Your thoughts and actions are powerful. They carry energy. They are like an echo. We have all taken a different path in life but somehow we are all linked. Whatever you do will always come back to you.

Can you change your karma? Yes. You cannot stop karma but you can change the direction of your karma. Anything you did in your past can be "undone" by doing good now. You have reaped what you sowed. You created your own destiny, now you can recreate it. How? You have free will. You can learn from the past.

Sehr geehrte Damen und Herren

Wir machen Sie darauf aufmerksam,
dass Sie ihr Fahrzeug auf einem
Privatgrundstück parkiert haben und
bitten Sie, Ihr Fahrzeug ab sofort nicht
mehr auf diesem Parkplatz abzustellen.

Für dieses Mal sehen wir von einer
Verzeigung ab.

Wir danken Ihnen für Ihr Verständnis.

Mit freundlichen Grüssen

Liegenschaftenamt
der Stadt St.Gallen

Who is TrueCompanion.com:

TrueCompanion.com is comprised of a collection of very skilled artists and engineers that have designed the world's first sex robot. Our caring staff deliver to you the specific sex robot which best meets your specific requirements. Your TrueCompanion.com robot will deliver the ultimate in robot sex. Your sex robot will also be able to talk, listen, carry on a conversation, feel your touch and be your true friend. They can also have an orgasm when you touch them!

FOR SALE: Original, signed HR Giger "Bambi Alien" sculpture, numbered 11/500, gold plated bronze, prize around CHF 2'000, goes to the highest bidder. PM me if interested.

Also, es ist ein altes Sprichwort der Wikinger:
«Ax in the head, early to bed; ax in the helmet, a friend of Helmut».

Der dünne Diener trägt die dicke Dame durch den dicken Dreck, da dankt die dicke Dame dem dünnen Diener, dass der dünne Diener die dicke Dame durch den dicken Dreck getragen hat.

Will eat
for food!

Will Code HTML For Food
Please Help
God Bless you!

Die Bundeswehr nimmt die nächtliche Farbbeutelattacke auf ihren Berliner Showroom mit Humor

Gefährlich wird es, wenn die
Dummen fleisig werden.

Schokolade, die nicht dick macht. Das wär's.
Aber nein, wir müssen ja zum Mond fliegen.

Wer lacht,
hat noch Reserven

Ich bin total
ausgegelichen. Wirklich.
Ich mach mir
jetzt einen Tee,
Lege die Beine
Hoch und dann
hau ich alles kaputt hier,
verdammte Scheisse!!!

Lebe jeden Tag so,
als wäre es Dein
letzter, eines Tages
wirst Du Recht
haben!

Wer nicht kann, was er will, muss wollen, was er kann.

Es gibt auch ein Leben vor dem Tode.

Auf alten Fotos
sehn wir immer jünger aus

Is this the potato farm?
Yes. I am Albert Potato.
Who are you?

A man who has his feet hacked off cannot scurry far …
Norse Proverb.

Request Timeout

The server timed out while waiting for the browser's request.
Reference #2.946ddead.1447229519.0

Er lacht über fast jeden. Darf er das?

Big Time
Der legendäre Stil des
Beda Achermann

Zwei Stunden von Manhattan entfernt lebt eine Gemeinschaft, die Mühe hat, sich von den Nazis zu distanzieren. Nur Deutsche dürfen hier wohnen – und das zieht eine ganz besondere Klientel an.

isch no geil.

"Melissa" (1999)
Als einer der ersten Schädlinge fragte Melissa Outlook-Adresslisten ab und versendete sich dann selbst an alle Kontakte. Die Mail, in der sich der Virus verbarg, enthielt nur folgenden Text: "Here is that Document You asked for, don't show anyone! :-)". Das Word-Dokument im Anhang wirkte harmlos, enthielt jedoch ein Makrocode-Programm. Einmal ausgeführt, war es für den Nutzer zu spät. Experten schätzen, dass Melissa letztlich einen wirtschaftlichen Schaden von knapp 1,1 Milliarden US-Dollar verursachte. Pikantes Detail: Der verantwortliche US-Programmierer David Smith benannte den Virus nach einer Stripperin.

"ILOVEYOU" (2000)
Ebenfalls als Lovebug bekannt, tarnte sich dieser E-Mail-Wurm als Liebesbrief mit Schadcode im Anhang. Weil dieser nur eine vermeintliche Textdatei enthielt, klickten die meisten User bedenkenlos und öffneten die üble Fracht. Heute würde wohl niemand mehr so leichtsinnig Mail-Anhänge öffnen. Danach versuchte sich der Wurm per Outlook und den damals recht beliebten Chat-Client ICQ weiter zu verbreiten. In den ersten Stunden sorgte "ILOVEYOU" für einen so hohen Datenverkehr, dass viele Mail-Server wegen Überlastung den Dienst verweigerten. Erst einmal auf dem Rechner installiert, fing der Lovebug munter an alle möglichen Dateien auf der Festplatte zu löschen. Fies:

Weil Nutzer der Mac-Konkurrenz von dem Virus verschont blieben, schaltete Apple eine etwas gehässige Werbung mit dem Slogan "Liebe Windows-Nutzer: We love You!".

"Storm" (2007)

Mit der scheinbar harmlosen News-Mail über einen Sturm, der über Europa fegte, kam dieser Virus auf den Rechner. Eigentlich sollte der Mail-Anhang einen Film enthalten, stattdessen übernahm Storm die Kontrolle. Rechner, die auf diese Art kontrolliert werden, nennt man auch "Bots". Mit Millionen infizierten Computern formten die Verantwortlichen eine ganze Botnet-Armee. Die Zombie-Computer wurden hauptsächlich als Spam-Schleuder missbraucht. Die Besitzer merkten davon oft wenig – lediglich die Rechenleistung ging nach und nach in die Knie.

"Duqu/Stuxnet" (2010)

Als einer der intelligentesten Schädlinge der neueren Zeit erweisen sich Stuxnet und sein späterer Abkömmling Duqu. Beide sind so komplex, dass ihr genauer Zweck bis heute im Dunkeln liegt. Weil beide lediglich Industrie-Computer eines bestimmten Typs infizieren, geht man mittlerweile davon aus, dass es sich um hochentwickelte Spionage-Tools handelt. Weil vornehmlich iranische Industrieanlagen betroffen waren, hatte man zunächst den israelischen Geheimdienst als Urheber im Verdacht. Mittlerweile geht man zumindest von einer Beteiligung des US-Militärs aus.

ORANGE JACKETS ARE OUR FAVOURITE LIKE I SAID AUTUMN IS NOT ABOUT DRESSING LIKE AN ACORN
THIS JACKET WILL KEEP YOU DRY ITS FULLY LINED AND WATER REPELLANT
IT HAS SPECIAL MADE POPPERS THAT HAVE A P ON

Ist doch lächerlich, so ein Kinderkram da... Mittelfinger der Polizei zeigen... Peinlich & respektlos...

Ein Kanadier postet auf Facebook ein merkwürdiges Video. Es sorgt gerade für erheblichen Wirbel. Der Clip zeigt ein Waldstück, dessen Boden scheinbar atmet. Wie kann das sein?

Feast of Giants
(bus stop in Liberec)

Was ist eine Denkfalle und was lässt sich dagegen tun?

Eine Denkfalle tut sich auf, wenn eine Problemsituation einen bewährten Denkmechanismus in Gang setzt, und wenn dieser Denkmechanismus mit der Situation nicht zurechtkommt und zu Irrtümern führt.

Denkfallen bewirken kognitive Täuschungen. Sie sind die Quellen von riskanten Manövern, Fehldiagnosen, Design-, Programmier- und Bedienfehlern.

Denkfallen geben sich im Allgemeinen nicht zu erkennen, und man fällt fast zwangsläufig auf sie herein. Aber ist der Argwohn erst einmal geweckt, lässt sich der Reinfall vermeiden. So wie man den optischen Täuschungen beispielsweise durch Anlegen eines Lineals entgehen kann, so lassen sich Denkfallen mittels Logik, Mathematik und Kreativitätstechniken umgehen. Wer sich wappnen will, muss Warnzeichen erkennen und richtig deuten lernen. Deshalb lohnt sich das Studium von Denkfallen.

Ein Egoismus-Paradoxon

Wer behauptet, der Mensch zerstöre seine Lebensgrundlagen durch die egoistische Verfolgung seiner Interessen, wird allgemeine Zustimmung ernten. Dabei wäre eine genauere Analyse angebracht. Formulieren wir etwas genauer: „Wenn wir eine Population von wildlebenden Tieren - z. B. Grosswale - maximal ausbeuten, gefährden wir deren Bestand." Auch dieser Satz wird wohl meist bejaht.

Widerspruch. So allgemein hingesagt stimmt der Satz nicht. Zur Widerlegung nehmen wir der Einfachheit halber an, die fragliche Population unterliege einem einfachen Gesetz des begrenzten Wachstums. Der anfangs kleine Bestand x möge jährlich um einen bestimmten Prozentsatz r - sagen wir r=5% - wachsen. Je grösser die

Population ist, umso mehr verringert sich diese Zuwachsrate, weil nicht genug Futter für den Nachwuchs da ist. Wir müssen also mit einer bestandsabhängigen Zuwachsrate rechnen. Diese Zuwachsrate geht gegen null, wenn sich die Grösse x der Population einem Wert nähert, der von der Umwelt gerade noch verkraftet wird. Dieser Wert wird als Kapazität K bezeichnet. Wir setzen hier einmal K=100. Ein für unsere Zwecke brauchbarer Ansatz für die Zuwachsrate ist r(1-x/K). Die Multiplikation der Zuwachsrate mit dem Bestand ergibt bekanntlich die Wachstumsgeschwindigkeit der Population: r(1-x/K)x. Durch Jagd soll der Zuwachs „abgeerntet" werden.

Lisas Vater hat fünf Töchter:
Lulu, Lele, Lolo, Lala und ...?

Dick sagt immer die Wahrheit, Doof sagt sie nie.
Auf die Frage: "wie heisst Du?" -bekommt man als Antwort "Doof".
Wer hat geantwortet?

Ein Barbier rasiert all die Leute des Ortes, die sich nicht selbst rasieren.

Wer rasiert den Barbier?

Drei Maurer geben ihrem Lehrling jeweils 10 Mark/ Franken/Schilling, damit er beim Fleischhauer Wurst kaufen kann. Die Wurst kostet 25 MFS. Der Lehrling denkt sich: "Ich behalte mir 2 MFS und gebe den Rest zurück." Jeder Maurer bekommt 1 MFS zurück. Aber: Jeder Maurer hat 9 MFS bezahlt (10 - 1). Drei mal 9 ist 27. Zwei MFS hat der Lehrling behalten. 27 + 2 = 29. Wo ist der Rest geblieben?

Spanner
lauerte im
Gulli auf Frauen

Disco Duck

Everything happens
for a reason.
But sometimes the
reason is that
you're stupid and
you make bad decisions.

Hermann Nitsch angezeigt:
"Christliche Symbole beleidigt"

Ich beweise es euch:
Eine Mücke und ein Elefant wiegen gleich viel !?!

das Gewicht des Elefanten beträgt x
Das Gewicht der Mücke beträgt y
Beide zusammen wiegen2v
Also ergeben sich automatisch zwei Gleichungen:
$x - 2v = -y$
$x = -y + 2v$
Wir multiplizieren die linken und die rechten Seiten der beiden Gleichungen miteinander:
$x * x - 2vx + v * v = y * y - 2vy + v * v$
oder:
$(x - v)(x - v) = (y - v)(y - v)$
Wenn wir nun die Quadratwurzeln aus beiden Seiten ziehen , erhalten wir:
$x - v = y - v$
$x = y$
Elefant = Mücke

A ball of glass will bounce higher than a ball of rubber. A ball of solid steel will bounce higher than one made entirely of glass.

THE SUN IS NOT YOUR ENEMY

Luft.
Wasser.
Lasagne!

At a jet plane's speed of 1,000 km (620mi) per hour, the length of the plane becomes one atom shorter than its original length.

BILD.de macht weiter gute Laune
Die 100 besten Witze – 2. Teil!

Paul zu seiner Frau: „Wieso guckst du eigentlich immer diese Koch-Shows im Fernsehen? Du kannst doch gar nicht kochen!“ Darauf sie: „Na und, du guckst doch auch Pornos!“

Racist conceptual
joke discovered in
Malevich's Black Square

Every time I see this video I need to share it again.. Don't judge to quickly, you never know the other side of the story! Happy weekend people!

Donald Trump
portrait made from
500 pictures of dicks

Du musst angemeldet sein,
um kommentieren zu können.

I am still at the Bataclan. First floor. Gravely injured. They should storm the place as soon as possible. There are survivors inside. They are killing everyone. One by one. On the first floor, quick!!!!

Je suis encore au Bataclan. 1e étage. Blessée grave ! Qu ils donnent au plus vite l assaut. Il y a des survivants à l intérieur. Ils abattent tout le monde. Un par un. 1e étage vite !!!!

No.1:
Never lose money.
Rule No.2: Never forget Rule No.1.

Entfernt. Bitte verzichten Sie auf Unterstellungen. Die Redaktion/sg

Ein Jazzer geht an einer Kneipe vorbei.

Mother earth is dying...please STOP EATING Alter!!! Ich bin ein sehr tolleranter Mensch. Aber das geht einfach zu weit!!!

Mexican standoff
Ein Mexican standoff (Filmsequenz)

Ein Mexican standoff, auch Mexican stand-off, (engl.: 'mexikanisches Patt') ist ein englischer Slangausdruck, der eine Konfrontation mehrerer Parteien beschreibt, die von keiner Seite gewonnen oder durch offensives oder defensives Handeln einer der Parteien beendet werden kann.

Der Begriff fand Verbreitung in der Popkultur durch seine Verwendung im Zusammenhang mit der Beschreibung von Duellen in Westernfilmen. Das Mexican standoff gilt seit der Verwendung in Sergio Leones Western-Klassiker Zwei glorreiche Halunken als eines der Markenzeichen des Italowestern und wurde in der Folge von vielen Regisseuren als Technik zur Erzeugung intensiver Spannung (Suspense) eingesetzt.

Weder die Herkunft noch die Definition des Begriffes Mexican standoff lassen sich genau klären. Im Gegensatz zu einem Duell zwischen lediglich zwei Parteien ist ein Merkmal des Mexican standoff die Beteiligung von mindestens drei Parteien. In einem klassischen Duell, zum Beispiel im Westernfilm, wird davon ausgegangen, dass derjenige, der zuerst zur Waffe greift, einen Vorteil hat. Im Mexican standoff erzeugt die dritte oder weitere Parteien eine Konfliktsituation, die nicht durch überlegene Fähigkeiten einer Partei aufgelöst werden kann.

Das Merriam Webster definiert das Mexican standoff als eine Situation, aus der niemand als Gewinner hervorgeht. Das Cambridge Dictionary bezeichnet ein Mexican standoff als eine Situation, bei der sich mehrere Personen gegenseitig bedrohen und keiner versucht, zu einer Einigung zu kommen.

Für die Einordnung als mexikanisch existieren keine Definitionen. Eine mögliche Erklärung wäre die mexikanisch anmutende Umgebung in typischen Westernfilmen, so zum Beispiel in Zwei glorreiche Halunken, der als eines der bekanntesten Beispiele für einen Mexican standoff gilt.

Im Film

Im Film wird der Mexican standoff häufig durch drei Gegner dargestellt, die sich mit gezogenen und aufeinander gerichteten Waffen in einer ausweglos erscheinenden Situation gegenüberstehen. Die besondere Spannung wird ausgelöst durch den Umstand, dass keine der drei Seiten als erstes schiessen will, aus Angst, von der dritten Partei angegriffen zu werden. Andererseits möchte niemand seine Waffe zuerst einstecken, da er dadurch dem schnellsten der beiden anderen Schützen einen Vorteil verschaffen würde.

Das bekannteste Beispiel für einen Mexican standoff im Film ist das finale Triell zwischen den Protagonisten in Zwei glorreiche Halunken (Originaltitel: The Good, the Bad and the Ugly) von Sergio Leone. Der Blonde, der Gute (Clint Eastwood), Sentenza, der Böse (Lee van Cleef) und Tuco, der Hässliche (Eli Wallach) stehen sich auf einem Friedhof in der Wüste bewaffnet gegenüber. Die Szene wird minutenlang aus verschiedenen Kameraeinstellungen gezeigt, wobei die Spannung durch die Musik von Ennio Morricone weiter verstärkt wird. Die Konfrontation endet mit dem Tod von Sentenza. Tuco waren, wie sich herausstellt, in der Nacht zuvor vom Blonden die Patronen aus dem Revolver entfernt worden, so dass der Blonde sich in der Auseinandersetzung nur auf Sentenza konzentrieren musste, letztlich nur einen wirklichen Gegner hatte und diesen Vorteil auszunutzen wusste.

In dem US-amerikanischen Heist-Movie Reservoir Dogs, Quentin Tarantinos erstem Kinofilm, inszeniert der Regisseur eine ähnliche Situation. Die Gangster Mr. White (Harvey Keitel), Eddie Cabot (Chris Penn) und Joe Cabot (Lawrence Tierney) stehen sich in einer Lagerhalle gegenüber und bedrohen sich gegenseitig. Unterstützt und erklärt wird die besondere Spannung in diesem Fall nicht durch Musik, sondern die Dialoge, in denen sich die Gegner bedrohen, ihre Motivation erläutern und die Ausweglosigkeit der Konfrontation thematisieren. Der Konflikt endet, indem sich alle drei gegenseitig erschiessen.

Möglich ist auch eine friedliche Auflösung, etwa in Pulp Fiction, einem ebenfalls von Quentin Tarantino gedrehten Film. Hier richtet der Auftragskiller Jules (Samuel L. Jackson) seine Waffe auf den Dieb Pumpkin (Tim Roth). Dessen Freundin Yolanda (Amanda Plummer) richtet wiederum die Waffe auf Jules, während Jules' Partner Vince (John Travolta) Yolanda im Visier hat. Die besondere Spannung wird hierbei dadurch erzeugt, dass Jules in aller Ruhe aus der Bibel zitiert und Pumpkin ihm zuhört, während Yolanda hysterisch schreiend versucht, die Situation wieder unter Kontrolle zu kriegen. Da Vince zwar anwesend ist, aber nicht die ganze Zeit gezeigt wird, ist für den Zuschauer auch unklar, ob dieser nicht doch entscheidend eingreift und Yolanda erschiesst. Die Situation wird damit aufgelöst, dass Jules die beiden Diebe laufen lässt.

Kiss the Devil

Who'll love the devil?...
Who'll song his song?...
Who will love the devil and his song?...
I'll love the devil!...
I'll sing his song!...
I will love the devil and his song!...
Who'll love the devil?...
Who'll kiss his tongue?...
Who will kiss the devil on his tongue?...
I'll love the devil!...
I'll kiss his tongue!...
I will kiss the devil on his tongue!...
Who'll love the devil?...
Who'll sing his song?...
I will love the devil and his song!...
Who'll love the devil?...
Who'll kiss his tongue?...
I will kiss the devil on his tongue!...
Who'll love the devil?...
Who'll sing his song?...
I WILL LOVE THE DEVIL AND SING HIS SONG!...

Sind wir die Kinder
der Aufklärung oder
die Enkel der Nazis oder beides?

Man muss sich fragen, warum diese Hydra-Köpfe wachsen.

I sell ice in the winter,
I sell fire in hell
I am a hustler baby
I'll sell water to a well.

Trinken Sie vor dem Essen
einen halben Liter Wasser.

Du bist schlank wie ein Reh, oder wie heisst das Tier mit dem grauen Rüssel?

So your girlfriend rolls a Honda
Playing workout tapes by Fonda
But Fonda ain't got a motor in the back of her Honda
My anaconda don't want none unless you've got buns, hon

Fag bomb
The "fag bomb" was a U.S. military fighter-mounted bomb (a GBU-31 JDAM), photographed aboard the aircraft carrier USS Enterprise in October 2001 during the United States' invasion of Afghanistan while in the Arabian Sea. On October 11, while being readied to an F-18 Hornet for deployment in an air mission above Afghanistan, the bomb was defaced with a graffito (a "message" to the bomb's targets) by an unidentified U.S. Navy sailor with the message "HIGH JACK THIS FAGS." The term HIGH JACK referred to the September 11 attacks one month prior, which utilized hijacked passenger airlines. The September 11 attacks led to the military action against Afghanistan.

Designing and building nuclear bombs is one of the U.S. government's most secretive activities. But the PBS NewsHour recently was granted unprecedented access to a number of highly classified facilities, where the world's most destructive weapons are now being updated and rebuilt.

Studis lieben Vegi-Menüs, Banker brauchen Fleisch

Die Arbeit ist etwas Unnatürliches. Die Faulheit allein ist göttlich.

Ich hab gerade Zeit, wo gibt's nichts zu tun?

An so viel Style müssen sich
Deine Augen erstmal gewöhnen.

Every day I get up and look through the Forbes list of the richest people in America. If I'm not there, I go to work.

Im US-Gefangenenlager Guantanamo sollen muslimische Terrorverdächtige mit schmerzhaft lauter Musik gequält worden sein. Folter mit Eminem, Meat Loaf und den Bee Gees - geht es noch effektiver? Malte Lehming hat seine eigenen Charts erstellt und fragt: Wie lange hätten Sie dieser Top Ten widerstanden?

I'm so poor I can't even pay attention.

Gordon Gekko: The richest one percent of this country owns half our country's wealth, five trillion dollars. One third of that comes from hard work, two thirds comes from inheritance, interest on interest accumulating to widows and idiot sons and what I do, stock and real estate speculation. It's bullshit. You got ninety percent of the American public out there with little or no net worth. I create nothing. I own. We make the rules, pal. The news, war, peace, famine, upheaval, the price per paper clip. We pick that rabbit out of the hat while everybody sits out there wondering how the hell we did it. Now you're not naive enough to think we're living in a democracy, are you buddy? It's the free market. And you're a part of it. You've got that killer instinct. Stick around pal, I've still got a lot to teach you.

Gordon Gekko:
Idealism kills every deal.

Gordon Gekko:
Nobody likes a crybaby.

VORSICHT
alter
Mann
spuckt
vom
Balkon

Ich bin der King,
der King der Sackgasse!

Reality
continues to ruin my life.

MAKE
TACOS
NOT
WAR

Es wird kalt.
Aber der Preis bleibt heiss.

Das Universum liebt
Dich und hilft dir !

Ich würde gern
dein Fahrrad klauen,
aber kaufen ist fairer.
015773223
wäre echt geil!

Jacuzzi Boys um 9 !

Weniger
ist mehr

Terroristen haben 90 Keyboarder als Geiseln genommen. Wenn ihre Forderungen nicht pünktlich erfüllt werden, drohen sie, jede Stunde einen von ihnen freizulassen.

Frutarier streben eine Ernährung mit ausschliesslich pflanzlichen Produkten an, die nicht die Beschädigung der Pflanze, von der sie stammen, zur Folge haben. Dazu gehören etwa Obst, Nüsse und Samen. Manche Frutarier verzehren nur Obst, das bereits vom Baum gefallen ist, aber auch Getreide, da es bei der Ernte schon abgestorben sei. Knollen, Blätter oder Wurzeln von Nahrungspflanzen sowie Lebensmittel tierischen Ursprungs werden dagegen ausgeschlossen. Die Verwendung der Früchte von Gemüsepflanzen ist unter Frutariern umstritten. Manche Frutarier nehmen auch pflanzliche Öle und Honig zu sich, andere vermeiden den Verzehr von Honigprodukten. Laut dem Handbook of Pediatric Nutrition sollen auch Varianten der frutarischen Kost existieren, die keimende Getreidekörner und Gemüse beinhalten oder die einfach einer veganen Kost entsprechen. I don't care what anyone says about Charlie Sheen. This man has had his problems yes. But, guess what?! We all have. No one is perfect. We all have our issues. I think he is a phenomenal actor who has brought so much talent to this world. I will ALWAYS be a Sheen fan. We need to be sensitive to this horrible diagnosis. What is it were your family member? Would you be speaking words of hate on them? NO you wouldn't. Have some damn compassion.

They butchered me back there, I was in a lot of pain. They cut me in the groin; they cut me in the leg. I was bleeding profusely. This is not an execution, it is murder.
Executed by injection, Florida
Bennie Demps, d. June 8, 2000
(It took execution technicians 33 minutes to find suitable veins for the execution. The executioners had no unusual problems finding one vein, but because Florida protocol requires a second alternate intravenous drip, they continued to work to insert another needle, finally abandoning the effort after their prolonged failures.)

THE CORRUPT
FEAR US.
THE HONEST
SUPPORT US.
THE HEROIC
JOIN US.

Ds Hemd isch verchlüglet

Bei Symmetrie ist
Widerstand zwecklos.

'F*ck Them. We Have the Champagne!'
Says Charlie Hebdo

Liebes-
Bremse
Mutti!

Wir sollten wieder mehr Bücher lesen und weniger News konsumieren.

Add a business phone number to Laser Magazin so it's easy for people to get in touch.

Schlafwandelnder Swiss-Passagier pinkelt auf Frau
Auf einem Swiss-Flug nach Brasilien begann ein Passagier zu schlafwandeln. Er spazierte in die Business-Klasse und urinierte dort auf eine Reisende.

Recherche,
Assistance,
Intervention,
Dissuasion

Fenetyllin

don´t demonstrate in gaza - you might get shot!

#PrayforParis lässt Fans von Paris Hilton bangen

Im Oktober läuft ein Broker aus San Francisco, der nach Angaben seiner Frau beim Laufen immer völlig wegtritt, aus Versehen von einem 60m hohen Kliff.

Jetzt ist klar, was den Bombenalarm in Bern ausgelöst hat: Ein Männchen aus Draht, Ton und Plastik. Gebastelt hatte es ein Schüler der Schule für Gestaltung Biel.

Diese Frisuren schummeln sie schlank.

ETHNIC
PROFILING

Ab heute also "Daesh". Passt doch wie Arsch auf Eimer.

Me mues döt si wos passiert.

This would be a hit show here in the US of A.

Und das Licht am Ende des Tunnels war auch nur ein entgegenkommender Schnellzug.

Lass dich nicht unterkriegen, auch wenn dir die Probleme um die Ohren fliegen! Einmal durchgeschnauft und dann pack jeden Tag mit Zuversicht aufs Neue an!

Die Sonne scheint die Vögel singen,
was kann das Leben Schöneres bringen?

Schade, dass Du nicht hier bist. Ich kann meine Sangria-Rechnung schon wieder nicht bezahlen.

RIP Rio Doce

Ein internationaler Kunde hat Rheinmetall mit der Lieferung von Panzer-Übungsmunition beauftragt. Der jetzt gewonnene Auftrag hat ein Volumen von rund 20 MioEUR. Die Subkaliber-Übungsmunition der Typen DM78A1 und DM78A3 wird in zwei Losen zwischen 2016 und 2018 ausgeliefert werden. Die Patrone 120mm x 570 DM78 basiert auf einer innovativen Beschleunigungs- und Ablösetechnologie, die ein besonders kostengünstiges Design zulässt. Zudem ist die DM78 in den gleichen Klimazonen einsetzbar wie die KE-Gefechtsmunition DM63. Durch das sehr geringe Druckniveau und die dadurch minimale Erosion gestattet die DM78 eine längstmögliche Nutzungsdauer der Waffenrohre. Die Patrone kann auf allen Panzerschiessplätzen verwendet werden, da sie den gleichen Sicherheitsbereich hat wie die eingeführten Vorgänger der DM38-Familie und der DM48. ‚Der neuerliche Auftrag unterstreicht ein weiteres Mal die technologische Spitzenstellung Rheinmetalls auf dem Feld der Grosskaliberwaffen und der dazugehörigen Munition.

Grüsse aus der Gruselgrotte.
Hier schrie unsere Tante Lotte
sich die Seele aus dem Leib.
Wir hoffen, dass sie trotzdem bleibt.

Wenn Niveau eine Hautcreme wäre,
hättest du ganz schön trockene Haut.

Warum hassen Emos Leuchtürme? -
Weil es in ihnen keine Ecke zum Weinen gibt.

Warum will ein Emo nie zu McDonalds? -
Wegen dem Happymeal!

Warum macht der Emo mit seiner Freundin Schluss? -
Weil er mit ihr glücklich war.

Welches Hotel bucht ein Emo am liebsten? -
Das RITZ!

Vor meinem Gesicht befindet sich eine Riesenpizza, die meinen Computerbildschirm fast vollständig verdeckt. Aus diesem Grund kann ich Dir für den Moment keine Nachricht schreiben.

Hi Ani1990, ja, zum Auswaschen der Pinsel ist das ok. Zum Ausprobieren Deiner Malerei ist es auch ok. Aber hantiere damit sehr vorsichtig. Die Dämpfe sind schädlich und extrem feuergefährlich. In der Apotheke kannst Du Dir 100ml reines Terpentinöl kaufen, (es riecht auch besser) und damit die Ölfarbe verdünnen.Gehe auch mal in ein Fachgeschäft für Künstlerbedarf und sieh Dich dort um. Verbrauchtes Öl sammelst Du am besten in einem verschliessbarem Glas. Das kannst Du dann in einer Recyclingstelle abgeben. Besorge Dir auch Fachliteratur, die gibt es zuhauf und günstig in Buchläden. Nun viel Spass beim Malen, es beruhigt und bringt viel Freude.

L.G.Hitclip

Tipps
Vermeide Leinöl als Medium für helle Farben:
sie werden schnell gelblich.
Babyöl oder Olivenöl eignet sich gut,

um die Farbe von deinen Händen zu entfernen.
Elfenbein-Schwarz trocknet sehr langsam. Vermeide es als Unterschicht.

Anstatt politische Ziele mit Waffen durchzusetzen, setzt der Physiker seine Hoffnungen auf Empathie.

Starkes Magnetfeld in Rotem Riesen beobachtet

Im Inneren von roten Riesensternen herrschen Magnetfelder, die zehn Millionen Mal stärker sind als das irdische Magnetfeld. Das zeigen erstmals Beobachtungen eines internationalen Forscherteams mit dem Weltraumteleskop Kepler. Die Magnetfelder verraten sich, weil sie bestimmte Schwingungen des Sterns dämpfen, die von aussen sichtbar sind. Das innere Magnetfeld spiele vermutlich eine wichtige Rolle für die Entwicklung und das endgültige Schicksal der Roten Riesen, so die Wissenschaftler im Fachblatt „Science".
Kugelförmiger Stern mit Schwingungen an der Oberfläche, ein Viertel der Kugel ist aufgeschnitten und erlaubt einen Blick auf die Schwingungen im Inneren.
Blick ins Sterninnere

„So wie wir mit Ultraschall-Untersuchungen in das Innere eines Menschen blicken können, erlauben Sternschwingungen einen Blick in das Innere eines Sterns", sagt Jim Fuller vom California Institute of Technology in Pasadena. Rote Riesen sind besonders geeignete Himmelsobjekte für dieses Verfahren, da an der Oberfläche durch Turbulenzen erzeugte Schallwellen bis in die Zentralregion der Sterne vordringen. Bei normalen Sternen wie unserer Sonne werden sie dagegen an der Kernregion reflektiert.

In der Zentralregion eines Roten Riesen wandeln sich die Schallwellen aufgrund der hohen Dichte in sogenannte Schwerewellen um, bei denen die Schwerebeschleunigung für die Ausbreitung entscheidend ist. Diese Umwandlung hat Konsequenzen, die noch an der Oberfläche sichtbar sind: Sie führen beispielsweise zu Dipol-Schwingungen des Sterns, bei denen die Helligkeit der beiden Hemisphären des Sterns gegenläufig pulsiert. Beobachtungen mit dem Kepler-Teleskop zeigen jedoch, dass solche Dipol-Oszillationen bei einigen Roten Riesen nur stark gedämpft auftreten.

Fuller und seine Kollegen erklären dieses Phänomen nun mit einem „magnetischen Treibhauseffekt“: Wenn im Inneren eines Sterns starke Magnetfelder herrschen, können sie die Ausbreitung der Schwerewellen stark beeinflussen – und zwar so stark, dass diese in der Zentralregion gefangen sind. Dadurch geht die Energie der Wellen für die Sternschwingungen verloren und die Dipol-Oszillationen werden entsprechend stark abgeschwächt. Damit bietet sich erstmals auch ein Erklärungsansatz, warum in der weiteren Entwicklung nur aus einigen Roten Riesen stark magnetische Weisse Zwerge oder Neutronensterne hervorgehen. Weitere Forschungen müssen nun zeigen, warum einige Rote Riesen ein starkes Magnetfeld im Inneren besitzen und andere nicht.

The thrill is gone
The thrill is gone
I can see it in your eyes
I can hear it in your sighs
Feel your touch and realize
The thrill is gone.

The nights are cold,
For love is old,
Love was grand when love was new,
Birds were singin' and skies were blue,
Now it don't appeal to you.
The thrill is gone.

This is the end,
So why pretend
And let it linger on?
The thrill is gone,
The thrill is gone.

So gimme that 'toot toot' Lemme give you that 'beep beep'

totalizing

What you gonna do with all that junk?
All that junk inside that trunk?
I'ma get, get, get, get you drunk,
Get you love drunk off my hump.

Die Hypophyse ist eine Hormondrüse, der eine zentrale übergeordnete Rolle bei der Regulation des Hormonsystems im Körper zukommt. Sie ist eine Art Schnittstelle, mit der das Gehirn über die Freisetzung von Hormonen Vorgänge wie Wachstum, Fortpflanzung und Stoffwechsel reguliert. Die Hypophyse sitzt im Türkensattel, einer knöchernen Vertiefung der mittleren Schädelgrube auf Höhe der Nase.

I really really really wanna zig a zig aaaaaaah
She had dumps like a truck truck truck
Thighs like what what what
Baby move your butt butt butt

Das ist mir zu meta, mich durch die satzverschachtelten Schichten von gespielter Empörung, echter Empörung, Satire, Zynismus und die Biographien aller Beteiligten zu arbeiten. Ich klicke einfach mal 'Gefällt mir'.

I mean you're so shy and I'm loving your tie
You're slicker than the guy with the thing on his eye.

Treffen sich zwei Kühe auf der Weide.
Sagt die eine: "Na, Du!"
Fragt die andere:"Warum gerade ich?"

ACHTUNG ZÜRICH - FREITAG 18, 2015
DIE POLIZEI MACHT GERADE
VELO CONTROLE AN DER LANGSTRASSE
ES SIND ÜBER 30 PIGS DRAN
BITTE WEITER LEITEN

Die Mutter ist 21 Jahre älter als ihr Kind.
In 6 Jahren ist sie 5 mal so alt wie ihr Kind.
Wo ist der Vater?

I'm drinkin' a soy latte
I get a double shotie
It goes right through my body
and you know I'm satisfied.
I drive my mini cooper
And I'm feeling super-duper
Yo they tell me I'm a trooper
And you know I'm satisfied

Malle
Survivor
Group

Wer nicht kotzt,
säuft nicht am Limit

Unser letzter Wille 4,5 Promille !!!

Endlich normale Leute!

Wer tanzt hat kein Geld zu saufen

Ich wache betrunkener auf als du ins Bett gehst.

Sprich mich nicht an,
ich bin nur zum Saufen hier.

I WILL CHANGE all my money just for one more day in the 80´s

The 1980s in America, was coolest time to be alive, best films, best music, coolest fashion, all those high end European sports and luxury cars, brick cellular phones, 80s women were hot, Those were the days. I hate the age with have now.

Das Flüssige muss ins Durstige

Trau keinem,
der nicht trinkt

Ich habe dich doch gar nicht verdient!

Wir können ja Freunde bleiben.

Ich muss jetzt erst einmal zu mir selbst finden.

Ich kriege in dieser Beziehung keine Luft mehr. Auf Deutsch: Er will sich wieder als Single austoben und mit seinen Jungs rumgammeln.

Scientology spricht das geistige Wesen an – nicht den Körper oder den Verstand – und glaubt, dass der Mensch weit mehr als ein Produkt seiner Umgebung oder seiner Gene ist.

Scientology umfasst Wissen, das von bestimmten grundlegenden Wahrheiten ausgeht.
Vorrangig sind die folgenden:
- Der Mensch ist ein unsterbliches geistiges Wesen.
- Seine Erfahrung geht weit über ein einziges Leben hinaus.
- Seine Fähigkeiten sind unbegrenzt, auch wenn er sie gegenwärtig nicht verwirklicht.

Scientologen übernehmen Verantwortung und helfen in den Gemeinden und weltweit.

Du willst wissen wie Liebe schmeckt?
Kauf dir 'ne Pizza.

Ist kein Tiger in den Bergen,
nennt sich der Affe König

Schildkröten können dir mehr über den Weg erzählen als Hasen

Ich bin entspannt und ruhig.
Mein rechter Arm wird sehr schwer.
Mein linker Arm wird sehr schwer.
Meine Arme werden ganz schwer.

Then he looks at her
she looks at me
I look at them
and we look at him

Der Edle bewegt
den Mund,
nicht die Hände

Ein Freund mehr,
ein Weg mehr

Ein gefällter Baum
wirft keinen Schatten

Na toll, keine Pizza mehr im Gefrierfach! Jetzt muss ich Brot essen, wie irgendein Tier im Wald.

Tipp für einen flachen Bauch:
Nur flache Sachen essen!
Schokoladetafeln (keine Toblerone)
und Pizza (keine Calzone)!

Noch ne Pizza
und ich kriegt
ne eigene Postleitzahl!

Hätte ich doch nur nicht mit Meditation aufgehört!

2008 wurde bekannt, dass Terror-Verdächtigte hier mit der Dauerbeschallung von aggressiver Musik gefoltert wurden. Besonders häufig wurden dabei laute Heavy-Metal-Songs genutzt – wie etwa der Song "Enter Sandman" von Metallica.

"Lamer Exterminator" (1989)

Einer der ersten Schädlinge, die ihren Code nur verschlüsselt hinterlegten und beim Kopieren mutierten. Weil sich dieses Programm ständig veränderte, konnten Virenscanner den Übeltäter zunächst nur schwer identifizieren. Der Lamer Exterminator trieb auf Amiga-Computern sein Unwesen und schrieb sich beim Einlegen eines neuen Mediums auf den sogenannten "Bootblock". Dieser enthielt Informationen über Art und Grösse des Datenträgers. Deshalb wurde der dort hinterlegte Code normalerweise automatisch ausgeführt – allerdings auch dort gespeicherter Schadcode. Nach der Infektion machte sich der Virus an sein zerstörerisches Werk: Er beschrieb wahllos einzelne Blöcke auf der Festplatte oder anderen Datenträgern mit dem Wort

"LAMER!". Es dauerte einige Zeit, bis das System die fehlerhaften Dateien bemerkte – doch dann war es meist schon zu spät für eine Reparatur.

Also es gibt so eine Gruppe, mir ist leider der Name entfallen, die nur Sachen, die von pflanzen abgegeben werden, essen. Bedeutet nichts vom Tier und eben nur heruntergafallenes Obst und Körner und so Zeug. Wie ist der Name dieser hardcore Veganer danke schonmal im Vorraus…

Diese trainierten Ratten in Kambodscha sind echte Lebensretter. Mit ihrem ausgezeichneten Riechsinn spüren die kleinen Nager Minen auf.

Auf psychische Folter kann man sich geistig kaum vorbereiten, während der Tortur verliert man die Fähigkeit, einen klaren Gedanken zu fassen und mentale Stärke zu erlangen. Ausserdem führt die dauerhafte Beschallung von lauter Musik oder unangenehmen Geräuschen zu Stress, der physische und psychische Krankheiten zur Folge hat.
Camp Delta is a permanent American detainment camp at Guantanamo Bay that replaced the temporary facilities of Camp X-Ray. Its first facilities were built between 27 February and mid-April 2002 by Navy Seabees, Marine Engineers, and workers from Halliburton subsidiary Kellogg, Brown and Root. It is composed of deten-

tion camps 1 through 6, Camp Platinum, Camp Iguana, the Guantanamo psychiatric ward, Camp Echo and Camp No. The prisoners, referred to as detainees, have uncertain rights due to their location not on American soil. There are allegations of torture and abuse of prisoners.

Camp X-Ray was a temporary detention facility at the Guantanamo Bay detention camp of Joint Task Force Guantanamo on the Guantanamo Bay Naval Base. The first twenty detainees arrived at Guantanamo on 11 January 2002. It was named Camp X-Ray because various temporary camps in the station were named sequentially from the beginning and then from the end of the NATO phonetic alphabet. The legal status of detainees at the camp, as well as government processes for trying their cases, has been a significant source of controversy; several landmark cases have been determined by the United States Supreme Court.
As of 29 April 2002, the official Camp X-Ray was closed and all prisoners were transferred to Camp Delta.

Excuse me...
I'm sorry to bother you,
but I just have to tell you...
I love your voice.

This French Philosopher Is The Only One Who Can Explain The Donald Trump Phenomenon

Bei der Sklaverei im engen Sinne der Geschichtsschreibung war das Recht, Sklaven zu erwerben, zu verkaufen, zu mieten, zu vermieten, zu verschenken und zu vererben, gesetzlich verankert. Die Sklavengesetze regelten die privat- und strafrechtlichen Gesichtspunkte der Sklavenhaltung und des Sklavenhandels; darüber hinaus bestimmten sie auch, welche Rechte den Sklaven zugestanden wurden. In vielen Sklaven haltenden Staatswesen behielten Sklaven eine gewisse Rechtsfähigkeit und konnten z. B. die Gerichte anrufen oder Eigentum erwirtschaften, das es ihnen eventuell erlaubte, durch Selbstkauf die Freiheit zu erlangen. Sklaverei konnte erblich sein – d. h. die Nachkommen von Sklaven waren ebenfalls unfrei –; dies war jedoch nicht in allen Sklaven haltenden Staatswesen der Fall. Unterschieden werden muss auch zwischen lebenslangen und temporären Formen der Sklaverei.

Sklavenhandel bezeichnet allgemein den Handel mit Sklaven, das heisst den Kauf und Verkauf sowie den Transport von Menschen. Häufig ist damit die Versklavung der Schwarzafrikaner und ihr Transport über den

Atlantik nach Nordamerika und in die Karibik seit der frühen Neuzeit gemeint, doch existierte Sklavenhandel auf unterschiedlichen Routen schon seit dem Altertum bis in die jüngste Zeit und in vielen Teilen der Welt.

Die Versklavung von Menschen durch andere Menschen wurde auf unterschiedliche Weise gerechtfertigt. Ideologische Grundlage war dabei immer der Versuch, die Überlegenheit einer Gruppe gegenüber einer anderen zu beweisen.

Hiroshima und Nagasaki 45;

Tschernobyl 86;

Windows 98

Wenn sie das Atomkraftwerk mit den ganzen gestrandeten Walen zudecken, können sie vielleicht schlimmeres verhindern.

Thanks to inflation.
I'm now 11Cent.

Zombie-Formalismus

Unter dem berühmten "Schwarzen Quadrat" des russischen Avantgarde-Künstlers Kasimir Malewitsch versteckt sich vermutlich ein weiteres Farbgemälde.

Zauberhafte Physik:
Bernoulli Effekt

Es ist besser, weniger Donner im Munde zu führen und mehr Blitz in der Hand.

Kommt zahlreich,
real oder virtuell!

YOU CAN KILL THE SINGER,
BUT NOT THE SONG.

The General Dynamics FIM-43 Redeye was a man-portable surface-to-air missile system. It used infrared homing to track its target. Production began in 1968 and ended in September 1969 after about 85,000 rounds had been built - in anticipation of the Redeye II, which later became the FIM-92 Stinger. The Redeye was withdrawn gradually between 1982 and 1995 as the Stinger was deployed.

"SQL_Slammer" (2003)

Innerhalb von zehn Minuten verseuchte Slammer mehr als 70.000 Rechner auf der ganzen Welt. Durch seine rasend schnelle Verbreitung konnten sämtliche Sicherheitssysteme nicht mehr schnell genug vor diesem Virus warnen. Er verursachte so viel Traffic, dass die Datendurchsatzrate des gesamten Internets merklich sank. Der Trick lag in der Grösse: Der Virus belegte nur etwa 376 Bytes Speicher, die schnell übertragen waren. Dabei hätte eine grössere Infektionswelle vermieden werden können – wenn betroffene Computerbesitzer regelmässig Updates eingespielt hätten. Das Virus nutzte eine Sicherheitslücke des SQL-Servers von Microsoft. Der passende Patch hierfür war zu diesem Zeitpunkt schon über ein halbes Jahr erhältlich.

Ein Gefangener wird dazu verurteilt, im Laufe einer Woche (Montag bis Sonntag) hingerichtet zu werden. Hinrichtungen finden immer genau zur Mittagszeit statt. Ihm wird der Tag der Hinrichtung nicht mitgeteilt, um ihn in banger Erwartung zu halten. Zudem wird ihm gesagt, der Termin sei für ihn völlig unerwartet. Er überlegt jedoch: „Überlebe ich am vorletzten Tag der Woche den Mittag, so muss ich am letzten Tag mittags hingerichtet werden, das wäre dann aber nicht unerwartet. Also kann der letztmögliche Termin ausgeschlossen werden. Lebe ich am Mittag vor dem vorletzten Termin noch, könnte die Hinrichtung für den letzten oder vorletzten Termin angesetzt sein, den letzten habe ich aber bereits ausgeschlossen, es bleibt also nur der vorletzte; das wäre jedoch dann nicht unerwartet. Und so weiter: Lebe ich am Mittag vor dem zweitletzten Termin noch, ... - ich kann also überhaupt nicht hingerichtet werden." Gerade diese Schlussfolgerung führt dazu, dass es für ihn völlig unerwartet ist, als man ihn an einem der Tage zum Richtblock führt.

Theseus–Paradoxon

Das Schiff, auf dem Theseus mit den Jünglingen losgesegelt und auch sicher zurückgekehrt ist, eine Galeere mit 30 Rudern, wurde von den Athenern bis zur Zeit des Demetrios Phaleros aufbewahrt. Von Zeit zu Zeit entfernten sie daraus alte Planken und ersetzten sie durch neue intakte. Das Schiff wurde daher für die Philosophen zu einer ständigen Veranschaulichung zur Streitfrage der Weiterentwicklung; denn die einen behaupteten, das Boot sei nach wie vor dasselbe geblieben, die anderen hingegen, es sei nicht mehr dasselbe."

In dem US-Gefangenenlager seien jahrelang muslimische Terrorverdächtige von Verhörspezialisten mit anhaltend langer, schmerzhaft lauter Musik gequält worden. Die Methode werde auch "no-touch-torture" genannt, weil sie keine sichtbaren Spuren hinterlasse. Explizit erwähnt wird Musik des Rappers Eminem, Heavy Metal, von Meat Loaf und den Bee Gees. Die von den Peinigern benutzten Songs würden in drei Kategorien eingeteilt - Triumphsongs ("We are the Champions" von Queen, "Born in the USA" von Bruce Springsteen), Quälsongs (Heavy Metal, "March of the Pigs" von Nine Inch Nails) und Männermusik aus den Charts, also Country, Rock, HipHop. Musiker und Bürgerrechtsgruppen protestieren nun und fordern Aufklärung.

Wenn ein Sandkorn kein Haufen ist und zwei Sandkörner kein Haufen sind etc. und keine Menge Sandkörner, die kein Haufen ist, durch Zugabe eines einzelnen Sandkorns zum Haufen wird, wie kann es Mengen von Sandkörnern geben, die ein Haufen sind?

Verliert ein Gegenstand seine Identität, nachdem viele oder alle seine Teile nacheinander ersetzt worden sind, und ist eine Kopie, die aus den ersetzten Teilen zusammengesetzt wird, das Original?

Besser ein Bier zu viel getrunken, als ein Schnitzel zu wenig gegessen.

Solange man der Erste im Stau ist, ist das alles gar nicht so schlimm.

The Crypt of Civilization is a sealed airtight chamber built between 1937 and 1940 at Oglethorpe University in Brookhaven, Georgia, in Metro Atlanta. The 2,000-cubic-foot (57 m3) room contains numerous artifacts and documents, and is designed for opening in the year 8113 AD. During the 50th anniversary year of its sealing, the Guinness Book of World Records cited the crypt as the "first successful attempt to bury a record of this culture for any future inhabitants or visitors to the planet Earth."

Es gibt keine Massenvernichtungswaffen - nur Chuck Norris.

It makes you feel like
the man you are.

Pontiac.
Designed for Action

To avoid using the German sounding name 'hamburger' during World War II, Americans used the name 'Liberty Steak.'

Der Illuminatenorden war der erste moderne, konspirativ agierende Geheimbund mit eindeutig definierten politischen Zielen. Er wurde 1776 von Adam Weishaupt gegründet und war ein radikalaufklärerischer Ausläufer der politischen Freimaurerei. Weishaupt ging von einer Verschwörung ehemaliger Jesuiten und Rosenkreuzer gegen die Aufklärung aus. Der Geheimbund grenzte sich klar von der rosenkreuzerischen „Unterwanderung" der Freimaurerlogen ab und hatte mit dem Illuminismus oder christlichen Mystikern nichts zu tun.

Das High Mobility Multipurpose Wheeled Vehicle (kurz: HMMWV, der Einfachheit halber meist Humvee ausgesprochen) ist ein geländegängiges Fahrzeug, das als Nachfolger des M151 für die US-amerikanische Armee entwickelt wurde und seit 1985 von dem US-amerikanischen Hersteller AM General in verschiedenen Versionen produziert wird.

Wenn es losgeht,
mal ich durch,
bis ich empty bin.

Ego Update! Thick, heavy, epic!

Pinocchios Nase wächst bekanntlich genau dann, wenn er lügt. Was passiert aber, wenn er sagt „Meine Nase wächst gerade“?

Wenn Dummheit Fett lösen würde, wären alle Broker Ehrenbürger von Villa Riba.

Hummer.
Like nothing else on earth.

PAIN IS WEAKNESS LEAVING THE BODY.

Life was more fun before daddy was president.

Small town,
Big dreams

Defense:
Aniticipate,
Devastate,
Dominate

We smell
FEAR

Drive
Desire
Destiny

All things are difficult before they are easy.

Donate blood, play rugby.

Rugby girls bleed more than once a month.

The first bomb dropped on Berlin by the Allies killed the only elephant in the Berlin Zoo.

And our dream is
to go to Polis
to raise the Flag
to sing the Hymn

Had it been necessary for a third atom bomb, the city targeted would have been Tokyo.

Mickey Mouse hat aus finanziellen Gründen nur vier Finger.

Theater der Überforderung

I don't have no trouble with you
But I have a little problem with you NOT

10 Dezibel :	Atmen, raschelndes Blatt
20 Dezibel :	Ticken einer Armbanduhr
30 Dezibel :	Flüstern
40 Dezibel :	leise Musik
45 Dezibel :	übliche Geräusche in der Wohnung
50 Dezibel :	Regen, Kühlschrankgeräusche
55 Dezibel :	normales Gespräch
60 Dezibel :	Nähmaschine, Gruppengespräch
65 Dezibel :	Kantinenlärm
70 Dezibel :	Fernseher, Schreien, Rasenmäher
75 Dezibel :	Verkehrslärm
80 Dezibel:	Telefonläuten, Presslufthammer
90 Dezibel :	Lastwagen
100 Dezibel:	Ghettoblaster
110 Dezibel:	Diskomusik, Symphoniekonzert, Motorsäge, Autohupe
120 Dezibel:	Kettensäge, Presslufthammer, Gewitterdonner
130 Dezibel:	Autorennen, Düsenjäger

A-Wop-bop-a-loo-lop a-lop-bam-boo
Tutti Frutti, all over rootie,...
A-wop-bop-a-loo-lop a-lop bam boo

I got a gal, named Sue,
She knows just what to do.
I've been to the east, I've been to the west, but
she's the gal
That I love the best.

Tutti Frutti, all over rootie,...
A-wop-bop-a-loo-lop a-lop bam boo

Uno, dos, one, two, tres, quatro
Matty told Hatty about a thing she saw.
Had two big horns and a wooly jaw.
Wooly bully, wooly bully.
Wooly bully, wooly bully, wooly bully.
Hatty told Matty, "Let's don't take no chance.
Let's not be L-seven, come and learn to dance."
Wooly bully, wooly bully
Wooly bully, wooly bully, wooly bully

Wer erfolgreich Double Bass Drum spielen möchte, kommt um harte Arbeit, Fleiss und gute körperliche Fitness nicht herum! Mit schnellen Füssen wird man schliesslich nicht geboren – man muss sie sich erarbeiten. Mit der STICKS-Workshop-Reihe wirst auch du zu einem Double Bass Drum Profi!

In der Double Bass Drum Workshop-Reihe von STICKS, dem Fachmagazin für Schlagzeug und Perkussion, zeigt dir Bodo Stricker, wie du Schritt für Schritt Double Bass Drumming lernen kannst. Der Profi-Drummer gibt dir dabei nützliche Tipps und Übungsbeispiele, die dich und dein Double Bass Drum Spiel nach vorne bringen und deine Technik effizienter, sauberer und ausdauernder machen. Wenn am Ende all diese Komponenten stimmen, dann kannst du dich musikalisch austoben und deinen Songs den nötigen „Doublekick“ verabreichen.

Double Bass Drum –
von der richtigen Sitzposition bis zu den Triolen
Erfolgreiches und effizientes Double Bass Drumming

fängt bei der richtigen Sitzposition an. Auch wenn die richtige Sitzposition sehr individuell und auch abhängig von Körpergrösse sowie Spielstil ist, so gibt es doch ein paar grundlegende Punkte, die du beachten solltest. In der ersten Folge der Double Bass Drum Reihe zeigt dir Bodo Stricker, wie du für dich die perfekte Sitzposition findest. Das Motto „put the pedal to the metal" macht zwar deine Karre schneller, deine Füsse bzw. dein Bass Drum Spiel wohl eher nicht. Deshalb geht der Drummer im 2. Teil auf die richtigen Pedaleinstellungen beim Double Bass Drumming ein.
Anschliessend geht es dann an die ersten Schritt beim Double Bass Drum: Beater und Patches in Teil 3, Singles, Doubles und Paradiddle in Teil 4. Singles und Doubles mit Akzenten lernst du im 5. Teil des Double Bass Drum Workshops, Triolen mit Akzenten, Kombinationen sowie Ostanati in Teil 6 und 7. Wenn du – nach langem Training – mit den ersten Workshop-Reihen deine Füsse fit bekommen hast, kommen in den beiden letzten Double Bass Drum Folgen die Hände hinzu. In Teil 8 zeigt dir Bodo Stricker ein paar Groove-Variationen mit Sechzehntel Double Bass Drum und im finalen Teil die Triolen.

Double Bass Drum mit Bodo the Drumbeast
Warum Bodo Stricker der ultimative Drum Bass Lehrer ist? Weil er dem Mythos Double Bass Drumming auf den Grund gegangen ist! Das Feuer für sein Power-Metal-Drumming entfachte die Primus-Scheibe „Suck On This". Drummer Tim „Herb" Alexander wurde zu einem seiner grössten Einflüsse – für Bodo „die Metal-Version von Vinnie Colaiuta". Dann kam Meshuggah. Schlagzeuger Tomas Haake schoss wie ein Blitz mitten ins Zentrum der Inspiration. Für Bodo Stricker

war dies die Initialzündung und es gab plötzlich nur eins: Das vermeintlich Unspielbare seiner Pedaltechnik zu verabreichen – mit Erfolg! Der Grundstein für seine heutigen spektakulären Bassdrum-Skills war gelegt. In dem Portrait, verfasst von STICKS-Autor Tom Schäfer, erfährst du noch mehr von Bodo Stricker.

Sitzen zwei Hochhäuser auf einem Baum. Da kommen zwei Polizisten vorbei.
Fragen die Polizisten:
"Was macht ihr auf dem Baum?"
Die Hochhäuser: "Warum, ist es schon fünf?"

Boy toy named Troy used to live in Detroit
Big dope dealer money, he was getting
some coins
Was in shootouts with the law, but he live in a palace
Bought me Alexander McQueen, he was
keeping me stylish
Now that's real, real, real,
Gun in my purse, bitch I came dressed to kill
Who wanna go first? I had them push
daffodils
I'm high as hell, I only took a half of pill
I'm on some dumb
shit

A safe room or panic room is a fortified room that is installed in a private residence or business to provide a safe shelter, or hiding place, for the inhabitants in the event of a break in, home invasion, tornado, terror attack or other threat. Safe rooms usually contain communications equipment, so that law enforcement authorities can be contacted.

Construction techniques

The simplest safe room is simply a closet with the hollow-core door replaced with an exterior-grade solid-core door that has a deadbolt and longer hinge screws and strike-plate screws to resist battering. Sometimes, the ceiling is reinforced, or gated, to prevent easy access from the attic or from an overhead crawl space.

More expensive safe rooms have walls and a door reinforced with sheets of steel, Kevlar, or bullet-resistant fibreglass. The hinges and strike plate are often reinforced with long screws. Some safe rooms may also have externally vented ventilation systems and a separate telephone connection. They might also connect to an escape shaft.

Safe rooms in the basement can be built with concrete walls, a building technique that is normally not possible on the upper floors of wood-framed structures unless there is substantial structural reinforcement to the building.

The U.S. State Department often uses steel grillwork much like a jail to seal off parts of a home used by U.S. Foreign Service members overseas when they are living in cities with a high crime threat. In some cities the entire upstairs area is grilled off as well as every window and door to the home. Other homes have steel doors to one or more bedrooms that can be bolted closed to provide time for security forces to arrive.

For strong storms or tornadoes, a storm safe room must be built to withstand high winds and flying debris, even if the rest of the residence becomes severely damaged or destroyed; specific concerns:
The safe room should be adequately anchored to the foundation to resist overturning and uplift.

This one is for the boys with the booming systems.
Top down AC with the cooling systems.
When he come up in the club, he be blazin' up.
Got stacks on deck, like he saving up.
And he ill, he real, he might got a deal.
He pop bottles and he got the right kinda bill.
He cold, he dope, he might sell coke.
He always in the air, but he never fly coach.
He a motherfuckin' trip (trip).
Sailor of the ship (ship).
When he make it drip (drip),
Kiss him on the lip (lip).
That's the kinda dude I was looking for.
And yes, you'll get slapped if you looking hoe.
I said, "Excuse me. You're a hell of a guy.
I mean my-my-my-my like pelican fly.
I'm mean you're so shy and I'm loving your type.
You're like slicker than the guy with the thing on is eye.
ARGH!"
Yes, I did. Yes, I did.
Somebody, please them who the F I is.
I am Nicki Minaj. I mack them dudes up.
Black coops up and chunk the deuce up.

Boy, you got my heart beat running away.
Beating like a drum and its coming your way.
Can't you hear that boom-ba-doom-boom-boom-ba-doom-boom-bass.
(He got that super bass!)
Boom-ba-doom-boom-boom-ba-doom-boom-bass.
(Yeah! It's that super bass!)
Boom. Base. Boom. Base. Boom. Base. Yeah. Base.
Boom. Base. Boom. Base. Boom. Base. Yeah. Base.
Boom-ba-doom-boom-boom-ba-doom-boom-bass.
(He got that super bass!)
Boom-boom-ba-doom-boom-boom-ba-doom-boom-bass.
(Yeah! It's that super bass!)

Yo! Yo!
This one is for the boys in the polos.
Entrepreneur niggas in the moguls.
He could ball with the crew.
He could solo, but I think I like him better
when he do-lo.
And I think I like him better with the fitted cap on.
He ain't even gotta try to put the mack on.
He just gotta give me that look.
When he give me that look.
Then them panties coming off! Uh!
"Excuse me. You're a hell of a guy.
You know I really got a thing for American guys?
I mean sigh. Sickening eye.
'Cause I can tell that you're in touch with your feminine side."
Yes, I did. Yes, I did.
Somebody, please tell them who the F I is.
I am Nicki Minaj. I mack them dudes up.

Black coops up and chunk the deuce up.
Boy, you got my heart beat running away.
Beating like a drum and its coming your way.
Can't you hear that boom-ba-doom-boom-boom-ba-doom-boom-bass.
(He got that super bass!)
Boom-ba-doom-boom-boom-ba-doom-boom-bass.
(Yeah! It's that super bass!)
Boom. Base. Boom. Base. Boom. Base. Yeah. Base.
Boom. Base. Boom. Base. Boom. Base. Yeah. Base.
Boom-ba-doom-boom-boom-ba-doom-boom-bass.
(He got that super bass!)
Boom-boom-ba-doom-boom-boom-ba-doom-boom-bass.
(Yeah! It's that super bass!)

See I need you in my life for me to stay.
No. No. No. No. No. I know you'll stay.
No. No. No. No. No. Don't go away.
Boy, you got my heart beat running away.
Don't you hear that heart beat coming your way.
Oh, it be like boom-ba-doom-boom-boom-boom-ba-doom-boom-boom.
Can't you hear that boom-ba-doom-boom-boom-ba-doom-boom-bass.

Boy, you got my heart beat running away.
Beating like a drum and its coming your way.
Can't you hear that boom-ba-doom-boom-boom-ba-doom-boom-bass.
(He got that super bass!)
Boom-ba-doom-boom-boom-ba-doom-boom-bass.
(Yeah! It's that super bass!)
Boom. Base. Boom. Base. Boom. Base. Yeah. Base.

Boom. Base. Boom. Base. Boom. Base. Yeah. Base.
Boom-ba-doom-boom-boom-ba-doom-boom-bass.
(He got that super bass!)
Boom-boom-ba-doom-boom-boom-ba-doom-boom-bass.
(Yeah! It's that super bass!)

Die 23rd Special Troops (auch als „23rd Headquarters, Special Troops" bezeichnet) waren ein geheimer Militärverband der United States Army, der zur aktiven Täuschung der deutschen Wehrmacht aufgestellt wurde und ab Juni 1944 im Zweiten Weltkrieg in Europa zum Einsatz kam. Nachdem ihre Existenz noch nach dem Krieg jahrzehntelang geheim gehalten wurde, wurden sie erst ab den 2000er Jahren unter dem Namen Ghost Army („Geisterarmee") einer breiteren Öffentlichkeit bekannt. Der Verband hatte rund 1100 Angehörige und bestand aus vier Abteilungen, die vor allem auf Täuschungsmanöver mit Hilfe falscher Funksprüche, Lautsprecher und Attrappen spezialisiert waren.

The Ghost Army was a United States Army tactical deception unit during World War II officially known as the 23rd Headquarters Special Troops. The 1,100-man unit was given a unique mission within the U.S Army: to impersonate other U.S. Army units to deceive the enemy. From a few weeks after D-Day, when they landed in France, until the end of the war, they put on a "traveling road show" utilizing inflatable tanks, sound trucks, fake radio transmissions and pretence. They staged more than 20 battlefield deceptions, often operating very close to the front lines. Their story was kept secret for more than 40 years after the war, and elements of it remain classified. The unit was the subject of a PBS documentary The Ghost Army in 2013.

Learn How To Play Double Bass On The Drums
Welcome to the double bass drumming section of FreeDrumLessons.com. Here you will have the opportunity to learn basic double bass warm-ups, drum beats, and drum fills. You'll also get access to special tips and advice for bass drum speed. The lessons in this section were designed to be played in the order presented below, so go ahead and start working through them now!

Brown shoes don't make it
Brown Shoes don't make it
Quit school, why fake it
Brown shoes don't make it
TV dinner by the pool
Watch your brother grow a beard
Got another year of school
You're okay, he's too weird
Be a plummer
He's a bummer
He's a bummer every summer
Be a loyal plastic robot
For a world that doesn't care
That's right
Smile at every ugly

Shine on your shoes and cut your hair

Scientology glaubt, dass der Mensch
grundsätzlich gut ist.

Witchboard – Die Hexenfalle ist ein US-amerikanischer Horrorfilm des Regisseurs Kevin Tenney aus dem Jahre 1986. Mit der Benutzung des Witchboard gerät Linda immer stärker in die Abhängigkeit eines nach Rache sehnenden Geistes.

Das Ouija, auch Hexenbrett genannt, betrachten Anhänger des Spiritismus als ein Hilfsmittel, um mit Geistwesen, ähnlich wie beim Gläserrücken, in Kontakt zu treten. Weitere Bezeichnungen sind Alphabettafel, Witchboard, Seelenschreiber und Talking Board.

I believe I can fly
I believe I can touch the sky
I think about it every night and day
Spread my wings and fly away
I believe I can soar
I see me running through that open door
I believe I can fly
I believe I can fly
I believe I can fly

Money is the best deodorant.

OK, Joke's over.
Let me out now!

Psychology
The Mind Is Easyily Fooled

Mieser Trompeter ruiniert Hochzeit

Dieser Satz ist falsch.

Was ist ein Witchboard?

Das Wirtchboard, oder auch Hexenbrett oder Ouija(brett), ist ein Mittel, um mit Geistern verstorbener Menschen Kontakt aufzunehmen.. Es besteht meist aus einer Holz- oder Funierplatte, die mit dem Alphabet, den Ziffern von 0-9, JA, Nein und Ende bedruckt ist. Zusätzlich gibt es eine Planchette, um zu den Antworten zu gelangen.

Es gibt natürlich auch aufgemalte Tücher und Poster, die denselben Zweck erfüllen.

Eine Warnung:

Die Nutzung des Witchboards erfordert keine magische Ausbildung. Wahrscheinlich ist es deshalb so beliebt als Partyspiel. Allerdings ist es kein ungefährliches Spielzeug.

Jede Sitzung kann Angstzustände, Wahnvorstellungen und Depressionen hervorrufen. Das liegt ganz einfach daran, dass unser Gehirn nicht darauf vorbereitet ist, mit jemandem / etwas zu kommunizieren, dass nach persönlichem Dafürhalten gar nicht da ist. Wir haben keine Kontrolle darüber und können es ausserhalb der Reaktion auf dem Brett auch nicht wahrnehmen. Eine solche Situation muss Angst und im hohen Masse Stress erzeugen. Vor allem, wenn man sich hinterher fragt, was ein Geist noch alles kann. (Dazu kommen wir gleich.)

Kleiner Selbst-Check

Beobachten Sie sich eine Zeit lang einmal selbst, wie Sie Gespräche führen. Achten Sie dabei auf diese Fragestellungen:

1. Lasse ich andere ausreden? Wann und warum unterbreche ich mein Gegenüber?
2. Wie sieht es mit dem Gleichgewicht im Gespräch bei meinen wichtigsten privaten und beruflichen Kontakten aus? Ausgeglichen – unausgeglichen? Was könnte dahinter stecken?
3. Erteile ich oft und gerne ungefragt gute Ratschläge? Habe ich immer Lösungen für andere parat? Wie reagieren meine Gesprächspartner darauf?

Wenn Sie möchten, machen Sie eine Liste mit Dingen, die Ihnen an Ihrem Kommunikationsverhalten auffallen. Fragen Sie auch andere nach deren Meinung – einen besseren Spiegel als Ihre engsten Gesprächspartner gibt es nicht.

Versuchen Sie nach und nach, Ihr Verhalten, das Ihnen nicht gefällt, zu verändern.

Wenn Sie sich entscheiden sollten, Ihr Leben durch das Positive Denken zu bereichern, so geht das nicht von Heute auf Morgen. Das möchte ich vorwegschicken, um Ihnen etwaige Enttäuschungen und Frustrationen zu ersparen. Es geht nur, wenn Sie in kleinen, ganz bewussten Schritten Ihr grosses Ziel ansteuern. Aber die Erfolge bei diesen kleinen Schritten werden Sie motivieren zügig auf Ihren eingeschlagenen Weg voranzuschreiten. Wie Sie im einzelnen diesen Weg zu Ihrem Ziel planen, welche »Meilensteine" Sie sich setzen, das bleibt Ihnen überlassen. Das muss Ihnen überlassen bleiben. Denn jeder Mensch ist anders. Jeder wird sich seinen ureigensten, individuellen Weg bahnen. Doch gerade wenn man an den Start geht ist es hilfreich einige Tipps zu erhalten, die Allgemeingültigkeit haben oder die sich bereits bei vielen anderen Menschen bestens bewährt haben. Nachfolgend habe ich Ihnen vier nützliche Übungen zusammengestellt, die Ihnen dabei helfen werden ein Positiver Denker zu werden.

Ein Mann sollte hingerichtet werden, der König gab ihm die Wahl zwischen zwei Möglichkeiten, entweder Hängen oder Enthaupten. Wenn der Delinquent eine falsche Aussage machte, sollte er gehängt werden, wenn er die Wahrheit sprach, würde er enthauptet werden.
Was sagte er?

5 goldene Regeln für positives Denken:
„Du bist, was Du denkst“

1. Verstand austricksen – „Diktieren“ Sie Ihrem Verstand positive Gedankengänge und positiven Sprachgebrauch.

2. Gegen das Jammern – Vermeiden Sie automatisches, unreflektiertes, wiederholtes Erzählen von negativen Ereignissen.

3. Positive Resonanz – Verhalten Sie sich positiv und offen anderen Menschen oder Ereignissen gegenüber und erfahren Sie deren positive Resonanz.

4. Nicht ärgern, sondern wundern – Wundern Sie sich, ob anerkennend oder ablehnend, über andere Realitäten und Massstäbe als die eigenen, anstatt sich zu ärgern.

5. Training fürs Gehirn – Trainieren Sie Ihren Gehirnmuskel mit positiven Gedanken, die Sie im Bedarfsfall abrufen können.

Wenn man Dämonen sieht, sollte man sich professionelle Hilfe suchen, und damit meine ich ganz sicher keinen Priester o.ä. der einen Exorzismus durchführt..

Leute,
ich hab da nen Film gesehen (der Exorzismus von Emily Rose). Da steht, dass der Film auf einer Wahre begebenheit basiert. Ich kann das irgentwie nicht glauben ! Ich kann irgent wie gar nicht mehr schlafen, weil ich total angst habe !!! Kann mir jemand helfen ? Oder kann mir jemand sagen, ob es so was wirklich gibt ??? Es hat mich nämlich richtig geschockt..

Selbsthypnose-Anleitung

Mit der Selbsthypnose haben Sie ein wundervolles Werkzeug an der Hand, von dem Sie vielfältig profitieren können. Unter anderem können Sie mit der Selbsthypnose Stressmanagement betreiben, Ihr Immunsystem ankurbeln oder lang ersehnte Ziele erreichen. Aber das Schönste daran ist, dass die Selbsthypnose keinerlei Arbeit macht und auch ohne langwierigen Lernprozess funktioniert. Sehen Sie es einfach als Kurzurlaub an, als Momente der Entspannung in einer hektischen Welt. Und so geht's:
Einleitung der Selbsthypnose

1. Schaffen Sie das geeignete Umfeld. Es sollte Ihnen möglich sein, für ca. 15 Minuten ungestört zu bleiben. Das heisst: Telefon aus, vielleicht möchten Sie auch etwas schöne Musik auflegen?

2. Machen Sie es sich so richtig bequem. Ob Sie sitzen oder liegen, bleibt Ihnen überlassen. Wenn Sie leicht frieren, hält eine Decke Sie schön warm. Jetzt sollten Sie langsam damit beginnen, die Alltagssorgen einfach mal loszulassen – die folgende Viertelstunde gehört Ihnen ganz allein, hier dürfen Sie ruhig mal egoistisch sein. Schliesslich geht es um Ihre Gesundheit.

3. Schliessen Sie die Augen. Eine kleine Anfangsvisualisierung wird Ihnen helfen, die Alltagsprobleme erst Mal ganz weit weg zu schicken: Stellen Sie sich vor, dass Sie vor sich eine grosse, weisse, flauschige Wolke haben. Packen Sie nun all Ihre Sorgen, Ihre Probleme und Ihre Ängste auf diese Wolke. Fertig? Dann geben Sie der Wolke einen ordentlichen Schubs, und schon braust sie

davon – mit all Ihren Problemen – bis sie irgendwo am Horizont ganz verschwindet.

4. Nun können Sie mit der eigentlichen Selbsthypnose beginnen. Atmen Sie tief ein und wieder aus. Optimal wäre eine Zwerchfellatmung – sie erkennen sie daran, dass sich beim Atmen die Bauchdecke hebt. Die Zwerchfellatmung kommt ganz natürlich, wenn man sich entspannt. Versuchen Sie also nicht, irgend etwas zu erzwingen – lassen Sie den Atmen einfach fliessen und atmen Sie weiter tief in den Bauch.

5. Konzentrieren Sie sich auf Ihre Atmung. Stellen Sie sich vor, wie Sie mit jedem Einatmen ein Stück Entspannung einatmen. Geben Sie der Entspannung ruhig eine Farbe, eine Konsistenz oder stellen Sie sich die Entspannung als Licht vor – das hilft Ihnen, das „Einatmen" der Entspannung noch realistischer zu erleben. So können Sie sich zum Beispiel vorstellen, wie Sie mit jedem Atemzug ein goldenes Balsam einatmen, das sich anschliessend in Ihrem ganzen Körper verteilt und Sie mehr und mehr entspannt. Wählen Sie einfach ein Bild, das Ihnen ein gutes Gefühl vermittelt. Wenn Sie möchten, können Sie die Entspannung auch durch formelhafte Suggestionen unterstützen: Sagen Sie sich selbst im Geiste „Mit jedem Einatmen sinke ich tiefer und tiefer in diese wundervolle Entspannung". Nicht jeder mag es, zusätzlich Suggestionen zu verwenden – probieren Sie also aus, was Ihnen am besten liegt.

6. Nun können Sie sich noch vorstellen, wie Sie Verspannung ausatmen: Mit jedem Ausatmen weicht ein Stücken Verspannung mehr aus Ihrem Körper, Sie können sich vollständig lösen und entspannen. Konzentrie-

ren Sie sich sowohl auf das Einatmen der Entspannung sowie auf das Ausatmen der Verspannung. Bereits jetzt können Sie ein wunderbares Gefühl empfinden, wenn Sie in sich hinein horchen. Geniessen Sie diesen Zustand, im Prinzip haben Sie schon eine Selbsthypnose induziert. Für den Anfang reicht das völlig, wenn Sie nach ein paar Wochen allerdings den Wunsch verspüren, noch tiefer zu gehen: Kein Problem, nutzen Sie einfach die wirkungsvolle Intensivierungstechnik auf der nächsten Seite.

Intensivierung der Selbsthypnose

1. Stellen Sie sich nun vor, Sie stehen vor einer Treppe, die über zehn Stufen hinab zu einer Tür führt. Diese Tür führt zu Ihrem ganz persönlichen, magischen Raum. Dieser Raum erlaubt es Ihnen, sich komplett zu entspannen und fallen zu lassen.

2. Gehen Sie die Treppe nun im Geiste hinab. Zählen Sie dabei rückwärts – von zehn bis null. Nach jedem Schritt können Sie sich suggerieren, noch tiefer in diesen wunderschönen Zustand zu sinken. Etwa so: „Und noch viel tiefer sinke ich in diesen wunderschönen Schlaf" oder: „Immer tiefer und tiefer sinke ich, meine Entspannung wächst dabei mehr und mehr." Atmen Sie weiter tief und ruhig. Und stellen Sie sich ruhig auch vor, wie Sie mit der Hand über eine Handreling streifen, die neben der Treppe verläuft.

3. Kurz, bevor Sie das Ende der Treppe erreichen – also zwischen den Zahlen eins und null – können Sie sich noch folgendes suggerieren: „Und bei Null angelangt, sinke ich noch viel tiefer – doppelt so tief – in diesen wunderschönen Schlaf".

4. Nachdem Sie die Zahl „null" gezählt haben, stehen Sie vor der Tür zu Ihrem magischen Raum. Schauen Sie sich die Tür genau an und öffnen Sie sie. Betreten Sie Ihren magischen Raum ... dieser Raum ist wunderschön eingerichtet, genau so, dass er absolut perfekt für Sie ist! Atmen Sie tief ein und schmecken Sie die Luft im Raum. Lassen Sie diese friedvolle Stille ein wenig auf sich wirken.

5. Horchen Sie einmal in Ihren Körper hinein, wo Sie sich gerade am glücklichsten fühlen. Stellen Sie sich dieses Glücksgefühl dann als einen Lichtkegel in Ihrer Lieblingsfarbe vor. Drehen Sie den „Lichtschalter" ordentlich auf und tauchen Sie Ihren ganzen Körper in dieses wunderschöne Licht. Lassen Sie es einfach geschehen und erleben Sie, wie Ihr ganzer Körper von einem Glücksgefühl durchdrungen wird.

6. Nach einiger Zeit entdecken Sie Ihre „Schlafcouch", die in Ihrem magischen Raum steht. Schlaftrunken wandeln Sie zu dieser Couch hin. Sie wissen, dass jeder, der sich in diese Couch hinein sinken lässt, augenblicklich dreimal so tief in diesen wundervollen Schlaf fällt. Atmen Sie noch einmal gründlich ein und dann: Lassen Sie sich in Ihre Schlafcouch sinken! Augenblicklich zieht ein wunderschönes Gefühl über Sie und Sie können sich noch ein wenig mehr fallen lassen. In dieser Schlafcouch öffnet sich Ihr Unterbewusstsein und Grenzen verschwinden: Sie können in dieser Couch das Unmögliche möglich machen! Reisen Sie an ferne Orte, sehen Sie sich genau so, wie Sie schon immer sein wollten ... Ihr Unterbewusstsein wird diese Bilder abspeichern und schon bald zu einem Teil Ihrer Realität werden lassen.
Schon nach den ersten Selbsthypnosen werden Sie ein

verträumtes, entspanntes Gefühl in Ihrem Körper feststellen. Je öfters Sie mit der Selbsthypnose arbeiten, umso intensiver kann dieses Gefühl werden. Es lohnt sich also, am Ball zu bleiben und die Technik regelmässig zu praktizieren.
Fangen Sie am besten mit den Punkten 1-6 an und heben Sie sich die intensivere Methode (1-12) auf, bis Sie schon ein wenig Übung mit der Selbsthypnose haben.

Um sich wieder aus der Hypnose zu lösen,
gehen Sie wie folgt vor:

Rücknahme der Hypnose

1. Sagen Sie zu sich selbst im Geiste: „Ich werde nun ganz langsam wieder aus diesem wunderschönen Zustand aufwachen. Ich zähle nun von eins bis drei – bei drei angelangt bin ich hellwach, fühle mich fit und frisch." Sie müssen nicht wortwörtlich vorgehen, sondern vielmehr sinngemäss.

2. Zählen Sie anschliessend von eins bis drei. Zwischen den Zahlen können Sie noch Suggestionen einbauen wie zum Beispiel: „Ich werde immer wacher und wacher. Mein Puls und mein Blutdruck erreichen für meinen Körper optimale Werte".

3. Bei drei angelangt öffnen Sie Ihre Augen. Lassen Sie sich noch ein, zwei Minuten Zeit, bevor Sie aufstehen – Sie werden sich dann absolut wohl, frisch und ausgeruht fühlen.

DAVID Delight Mentalsystem 339,00 EUR

Pills N Potions Songtext
Pills n potions
We're overdosing
I'm angry but I still love you
Pills n potions
We're overdosing
Can't stand it but I still love you

I still love,
I still love,
I still love,
I still love,
I still lo-o-ove

I still love,
I still love,
I still love,
I still love,
I still lo-o-ove
I still love,
I still love,
I still love,
I still love,
I still lo-o-ove

I still love,
I still love,
I still love,
I still love,
I still lo-o-ove

Ich glaube, ich muss jetzt erst mal eine Zeit alleine sein.

People try to look for deep meanings in my work. I want to say, 'They're just cartoons, folks. You laugh or you don't.' Gee, I sound shallow. But I don't react to current events or other stimuli. I don't read or watch TV to get ideas. My work is basically sitting down at the drawing table and getting silly.

You know those little snow globes that you shake up? I always thought my brain was sort of like that. You know, where you just give it a shake and watch what comes out and shake it again. It's like that.

Sagt ein Mann:
"Hi, ich heisse Günther.
" Sagt die Frau: "Ich nicht."

Peter und Max gehen durch die Wüste. Fragt Max: "Warum trägst du eigentlich die Autotür?" "Wenn es mir zu warm wird, kurbel ich das Fenster runter."

Stellt ein Mann sein Fahrrad an einer Laterne ab und geht einkaufen. Als er wiederkommt, ist die Laterne weg...

Liegt ein Ostfriese auf den Gleisen und beisst in den harten Stahl. Fragt ein anderer Ostfriese: "Warum gehst Du nicht 100m weiter, da liegt eine Weiche."

Was sucht ein einarmiger in der Einkaufsstrasse?
Einen Second-Hand-Shop.

Was ist besser? Menstruation oder Revolution?
Egal, Hauptsache es fliesst Blut!

Du stinkst nach Fisch!
Ich bin ein Fisch.
Und du stinkst nach Calvin Klein
Ich bin Calvin Klein

Ein Elefant sitzt auf einer Telefonzelle
und strickt Autos.
Ein schluck Wasser kommt vorbei und sagt:
"Hei, hier ist parken verboten."
Sagt der Elefant:"Macht nichts, ich hab
einen Daumen zum klingeln."

I think one thing that's important to maintain is a sense of fear, always doubting yourself... a good dose of insecurity helps your work in some ways.

"Papi, Papi, wo ist denn Afrika?"
"Keine Ahnung, Deine Mutter hat aufgeräumt."

Ich kenne eine gute Freundin die meine, sie habe einen Dämonen gesehen. Das komische ist, dass ihre ganze Familie diesen einen "Dämonen" sieht. Die Oma sei anscheinend schon verrückt und tut öfters verrückte Sachen.
Was sagt ihr dazu? Wie kann man es bekämpfen (Exorzismus klar, aber verboten in Deutschland (Erlaubnis vom Papst), oder sich beruhigen?

Else und Harry sitzen in der Wüste.
Sagt Harry plötzlich:
„Jetzt rück doch mal ein Stück.
Ich will auch im Sand sitzen!"

ACHTUNG: Dieses Produkt krümmt Raum und Zeit in seiner Umgebung!

WARNUNG: Dieses Produkt besteht zu 100% aus Materie. Im Falle des Kontaktes mit Antimaterie kommt es zu gefährlichen Explosionen!

Lange andauerndes Kitzeln kann für Menschen so unerträglich sein, dass es als Foltermethode zu bezeichnen ist. Zum Kitzelreiz selbst kommen nach längerer Zeit durch das Lachen und Bewegungsreflexe verursachte Lungen- und Muskelschmerzen. Kitzeln als Folter überlebte bis ins Mittelalter und die Zeit des kolonialen Amerika, allerdings im Wesentlichen zur öffentlichen Demütigung. Der „Stock" war eine spezielle Form des Prangers, die entworfen wurde, um die nackten Füsse des Opfers zu fixieren, damit Passanten die Fusssohlen kitzeln konnten. Im Dreissigjährigen Krieg wurde von Söldnern und Marodeuren in der Absicht, Nahrungsmittel, Geld oder andere Sachwerte von der Zivilbevölkerung zu erpressen, angeblich Kitzelfolter in Form von Ziegenlecken eingesetzt. Dabei wurden die Fusssohlen des Opfers mit Salz eingerieben, das eine Ziege dann begann abzulecken. Bei langer Fortdauer dieser Folterung kam es vor, dass durch die raue Zunge der Ziege und das Salz die Haut allmählich abgetragen und in der Folge das Salz auf die Wunde gestreut wurde. Die Folter konnte also nach Belieben verstärkt werden.

Eine Abkürzung ist die längste Wegstrecke zwischen zwei Punkten.

Wenn alles glatt läuft, befindest du dich wahrscheinlich nicht in der Realität.

Die Schlange,
in der du stehst,
ist immer die
langsamste.

Freunde kommen und gehen,
aber Feinde
sammeln sich an.

Sean Penn trifft den Drogenboss "El Chapo" zum Interview.

6 Hour Study Focus Music: Alpha Waves, Brain Music, Concentration Music, Calming Music, Focus 2444

Less upsetti,
more spaghetti.

Chuck Norris hat sich nur einmal geirrt und das war, als er dachte, er hätte sich geirrt.

Zölibatie ist nicht vererbbar.

Longest steel roller coaster drop

Kingda Ka Six Flags Great Adventure
United States 456 ft (139 m)

Top Thrill Dragster Cedar Point
United States 420 ft (130 m)

Superman: Escape from Krypton
Six Flags Magic Mountain
United States 415 ft (126 m)

Kommt ein Mann um die Ecke, ist der Bus weg!
Kommt der Bus um die Ecke, ist der Mann weg!
Kommt der Bus zum Mann, ist die Ecke weg!

Hallo,

ich bin Dr. David Green Leiter Accounting Audit Department von einem Credit Suisse Bank, One Cabot Square, London E14 4QJ London hier in England. Ich schreibe Ihnen, der über eine Geschäft Vorschlag, wird einen immensen Vorteil für uns beide. In meiner Abteilung, die der Manager London Regional Office, entdeckte ich eine Summe von £16,500,000.00 GBP (16 Millionen und fünf hundert tausend Pfund Sterling) in einem Konto, das gehört zu unseren ausländischen Kunden Late Business Mogul Herr Moises Saba Masri Milliardär, ein Jude aus Mexiko, wurde ein Opfer von einem Hubschrauberabsturz 10 Jan 2010, ihn töten und seine Familienangehörigen. Saba war 46 Jahre alt. Auch in den Häcksler zum Zeitpunkt des Absturzes war seine Frau, deren Sohn Avraham (Alberto) und seine Tochter-in-law. Der Pilot war auch tot.

Die Wahl der Kontaktaufnahme mit Ihnen weckt aus der geographischen Natur, wo sie leben, vor allem aufgrund der Empfindlichkeit der Transaktion und die Vertraulichkeit hierin. Jetzt unsere Bank gewartet hat eine der Verwandten zu kommen-up für die Forderung aber niemand getan hat. Ich persönlich habe erfolglos bei der Suche nach den Verwandten, ich suche ihre Einwilligung zu präsentieren, die Sie als nächsten Angehörigen/ Begünstigten wird auf den Verstorbenen, so dass die Einnahmen aus diesem Konto im Wert von £16,500,000.00 GBP gezahlt werden kann auf ihr Konto.

Dies wird ausgezahlt oder shared in diese Prozentsätze, 60% für mich und 40 % für Sie. Ich gesichert haben alle notwendigen rechtlichen Dokumente, die verwendet werden können, zu sichern diesen Anspruch machen wir. Alles was ich brauche ist, füllen sie in ihrem Namen zu den Dokumenten und legalisieren sie im Hof hier um zu beweisen, dass du als legitime Empfänger. Alles was ich jetzt benötigen ist Ihre ehrliche Zusammenarbeit, Vertraulichkeit und Vertrauen, damit wir sehen diese Transaktion über. Ich garantiere Ihnen, dass dies wird unter einer rechtmässigen Anordnung, schützt Sie vor jeder Verstoss gegen das Gesetz.

Geben Sie mir bitte die folgenden, haben wir 7 Arbeitstagen zur Ausführung dieses Geschäft.

1. Ihr voller Name:
2. Ihre Kontaktadresse:
3. Ihre Telefonnummer:
4. Ihr direkter Mobile Nummer:
5. Beruf / Position:
6. Staatsangehörigkeit:

Nachdem er durch eine methodische Suche, habe ich beschlossen, sie zu kontaktieren in der Hoffnung, dass sie diesen Vorschlag interessant. Bitte auf Ihrer Bestätigung dieser Nachricht und Angabe Ihrer Interesse werde ich liefern sie mit mehr Informationen. Bemühen sich, lassen Sie mich wissen, ihre Entscheidung anstelle halten mich warten.

Ich danke Ihnen im Voraus für Ihre positive Antwort.

Grüsse,
Dr. David Green

There's no escape
I can't wait
I need a hit
Baby, give me it
You're dangerous
I'm loving it

Ich atme ruhig und vollkommen entspannt.

HUSTLE
ATTITUDE
RESPECT
DISCIPLINE

Meditation macht schlau und furchtlos.

I'm the commander
see, I don't need to explain
I do not need to explain why I say things.
That's the interesting thing about being president.

Wir müssen unsere Leber ändern

Theatre has to make us nervous.

In einer prekären Welt muss
auch die Kunst prekär sein.

Will ich das wirklich wissen? Will das überhaupt jemand wissen? Das sind nun echt Informationen die die Welt nicht braucht. Ja ich weiss, dann muss ichs ja auch nicht lesen usw....aber trotzdem.

Kunst ist schön,
macht aber
viel Arbeit

Men can see themselves as supermen and overweight women can see themselves as thin. Its like a fun house situation.

Vielleicht sollten einige Künstler darüber nachdenken, ob sie nicht in ihrem Streben nach Authentizität zu elitär und abgehoben werden und die Kunst doch nicht ein Müllprodukt geworden ist. Sorry aber Putzfrauen können auch Geschmack und Sensibilität haben, viele Künstlerinnen werden auch Putzfrauen, wenn sie nicht von ihrer Arbeit leben können... Und es ist ausserdem eine Vermittlungsaufgabe der Kunstinstitutionen dass sie Kunst als Kunst kennzeichnen und bemerkbar machen... (lacht)

In Ewigkeit Angst
und Champagne

Impressum / Imprint

Konzept / Concept: Beni Bischof
Gestaltung / Design: Samuel Bänziger
Übersetzung / Translation: Anthony De Pasquale
Verlag / Publisher: Edition Patrick Frey
Druck und Verarbeitung /
Printing and binding: Druckhaus Nomos
Papier / Paper: Pamo Super 60gm²
Umschlag / Cover: Peydur
Schrift / Font: DTL Elzevir
Auflage / Number of Copies: 1000

Vertrieb / Distribution:

Switzerland:
AVA Verlagsauslieferung, CH –
Affoltern am Albis
ava.ch

Germany, Austria:
GVA Gemeinsame
Verlagsauslieferung, D – Göttingen
gva-verlage.de

France, Luxembourg, Belgium:
Les presses du réel, F – Dijon
lespressesdureel.com

United Kingdom:
Antenne Books, GB – London
antennebooks.com

Japan:
Marginal Press, JP – Tokyo
marginal-press.com

USA:
RAM publications + distribution,
USA – Santa Monica
rampub.com

Australia, New Zealand:
Perimeter Distribution, AU – Melbourne
perimeterdistribution.com

Rest of the world:
Edition Patrick Frey, CH – Zürich
editionpatrickfrey.com

Edition Patrick Frey

Edition Patrick Frey
Limmatstrasse 268
CH–8005 Zürich
www.editionpatrickfrey.com

Erste Ausgabe / First Edition
ISBN 978-3-906803-13-5

Dank / Acknowledgements: Samuel Bänziger,
Patrick Frey, Andrea Kempter, Gloria Wismer.